PLANIFICACION Y CONTROL

DE

RUTAS DE TRANSPORTE URBANO

ASPECTOS TEORICO-PRACTICOS

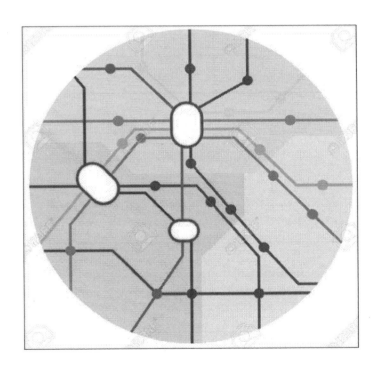

CARLOS YEZID MORALES GARCIA

PLANIFICACION Y CONTROL DE RUTAS DE TRANSPORTE URBANO

Curso orientado al análisis, planificación, operación y control de rutas de transporte público urbano de pasajeros.

Primera Edición

Por Carlos Yezid Morales García

Cymoralesg@gmail.com

Carlos Yezid Morales García, es Ingeniero de Transportes y Vías, egresado de la Universidad Pedagógica y Tecnológica de Colombia (UPTC) –Tunja, Colombia en 1970, es Ingeniero Civil de la Universidad Central de Venezuela (UCV) (1980), Master en Ciencias de Ingeniería, Especialidad Transportes de la Universidad Nacional de Colombia (UNC) (1975), PH D. (Candidate) de la Universidad Politécnica de Madrid (UPM) , Profesor Titular de la Universidad del Zulia (LUZ) en Maracaibo, Venezuela, Creador del programa de Postgrado en Transporte de la misma Universidad (1992), Jefe del Departamento de Vías de Comunicación (LUZ) (1995-2000) y Ex-Presidente Nacional de la Sociedad Venezolana de Transporte y Vialidad (SOTRAVIAL) (1998-2000)

CONTENIDO

Capítulo I

PLANIFICACION DEL TRANSPORTE URBANO [1]

1.1 INTRODUCCION

Es frecuente que la mayoría de los habitantes de las ciudades utilice el transporte público para sus desplazamientos urbanos cuando se dispone a realizar sus actividades cuotidianas. Por este motivo, la planificación del transporte público urbano se orienta a obtener un sistema de movilización eficiente, seguro, que de acceso a todas las personas, que sea ambientalmente amigable y que esté en consonancia con el desarrollo urbano [2].

Planificar el transporte urbano es un procedimiento lento que conlleva tiempo, ya que no es posible definirlo ni lograrlo de la noche a la mañana. Siempre hay fuerzas impulsoras que de alguna u otra manera van ejerciendo un control sobre los diversos proyectos que se generan en torno al desarrollo de la infraestructura del transporte.

Las opciones de desarrollo (financiamiento y plataforma tecnológica), la viabilidad de construir infraestructura, y el control político de una ciudad, juegan un papel preponderante en la planificación del transporte urbano. Esta planificación normalmente está institucionalizada: los lineamientos, los reglamentos y los requerimientos legales impulsan los métodos existentes detrás de la planificación.

En los primeros tres lustros del siglo XXI (2000-2015) la planificación del transporte urbano tomó un rumbo distinto a nivel mundial: se ha enfocado más a promover modos de transporte que sean más convenientes en términos ambientales (reducción de emisiones), sociales (equidad de accesibilidad) y económicos (uso óptimo de los recursos). De esta manera, se busca enfrentar los problemas contemporáneos de calentamiento global y consumo de recursos no-renovables como el petróleo.

1.2 ELEMENTOS BASICOS DE LA PLANIFICACION DEL TRANSPORTE URBANO

La planificación del transporte urbano se define como "un proceso de toma de decisiones que estudia demandas presentes y futuras de movilidad de personas y bienes para alcanzar, en un futuro deseado, un sistema de transporte eficiente, seguro, de acceso a todas las personas y ambientalmente amigable, teniendo en cuenta la situación actual y los factores internos y externos que pueden influir en el logro de los objetivos"[2].

La planificación es la fase fundamental del proceso de desarrollo y de la organización del transporte, pues es la que permite conocer los problemas, diseñar o crear soluciones y, en definitiva, optimizar y organizar los recursos para enfocarlos a atender la demanda de movilidad.

El proceso de planificación de transporte (basado en Garber y Hoel) consiste en nueve secciones, agrupadas en bloques, para mayor facilidad de comprensión (Meyer y Miller)[3]. Esto se puede aplicar para cualquier proyecto de transporte, independientemente de su dimensión (Ver Fig. 1).

1.2.1   Definición de la situación

Incluye todas las actividades que se requieren para entender la situación que pretende una mejora en el sistema de transporte. Se describen los factores básicos que ocasionaron la necesidad percibida de mejora, y se establece el alcance del sistema que se va a estudiar. Se puede obtener información del área circundante, población y hábitos de viaje.

1.2.2   Definición del problema

Describe el problema en términos de los objetivos que el proyecto debe alcanzar, además traduce los objetivos en criterios y parámetros medibles. Los objetivos pueden ser: reducir los embotellamientos de tránsito, mejorar la seguridad vial y maximizar los beneficios de los usuarios. Las medidas de efectividad son parámetros cuantificables como los "tiempos de viaje".

1.2.3 Diagnóstico y gestión de datos

La cantidad de datos para el diagnóstico del sistema actual de transporte público depende de la magnitud del proyecto definido en las etapas previas. Es necesario buscar fuentes fidedignas de información, por ejemplo oficinas de censos y estadísticas, Ministerio de Planificación y Ministerio de Transportes. El diagnóstico se debe realizar sobre los datos del sistema de transporte, el sistema de actividad urbana, el sistema de uso de suelo, y el entorno normativo, organizativo y fiscal.

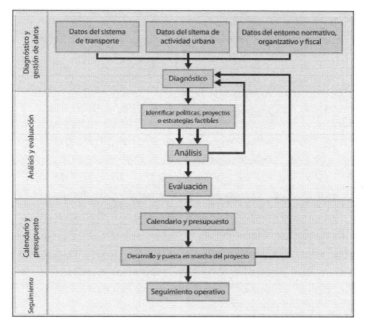

Figura 1 Proceso de Planificación del Transporte. Fuente: Meyer y Miller

1.2.4 Identificación de soluciones factibles

Es la etapa de lluvia de ideas o "brainstorming". Se deberán considerar varias ideas, diseños, posibles ubicaciones, y configuraciones del Sistema que puedan solucionar el problema. También se incluye en esta fase estudios de pre-factibilidad que puedan reducir el rango de las selecciones. En esta etapa se puede incluir la recopilación de datos, pruebas de campo y estimaciones de costos para determinar la viabilidad técnica y la factibilidad financiera de las propuestas.

1.2.5 Análisis del desempeño

En esta fase se determina como se comportará cada una de las alternativas propuestas en el presente y en el futuro como solución al problema del transporte urbano. Se identifican y calculan las medidas de efectividad planteadas en los objetivos, además se determina el costo de construir el proyecto, mejora de transporte, así como los costos anuales de mantenimiento y de operación. En esta etapa se incluyen modelos matemáticos y análisis de sistemas para determinar la demanda de viajes inducida por las mejoras. Basados en la información recopilada en el diagnóstico y modelos propuestos, se determinan los beneficios al usuario y se estiman los efectos ambientales del proyecto de transporte.

1.2.6 Evaluación de alternativas

Se evalúa cada alternativa con respecto a los objetivos del proyecto. Se usan los datos de desempeño calculados en la fase de análisis, para determinar los beneficios y los costos de cada alternativa. Cuando los proyectos se pueden definir en términos monetarios se calculan relaciones de costo/beneficio para mostrar cuales proyectos demuestran ser una inversión bien fundamentada. Cuando hay criterios monetarios y no monetarios, es conveniente crear una matriz de costo-efectividad, para visualizar gráficamente cómo cada alternativa afecta las medidas de efectividad al relacionarlas con su costo.

1.2.7 Selección del proyecto

El ingeniero de transportes, desarrollará la tarea de manera que se formule toda la información necesaria para hacer una selección considerando todas las alternativas factibles. En un proyecto complejo, se deben considerar muchos factores, y la decisión se basa en cómo perciben los resultados los tomadores de decisiones, por lo mismo es importante presentar todos los detalles de las posibles opciones. Normalmente se seleccionan proyectos que se comporten positivamente en la parte financiera, maximizando los beneficios a los usuarios.

1.2.8   Especificación y construcción

Incluye una fase detallada del diseño de cada uno de los componentes del sistema de transporte: ubicación física, dimensiones geométricas, configuración estructural. Se confeccionan todos los planos y pliegos de condiciones para los contratistas. En una relación contratista-contratante, los contratistas estimarán el costo de construcción del proyecto. Luego el proyecto se adjudica a una empresa constructora, y éstos planos serán la base sobre la cual se construya el proyecto.

1.2.9   Seguimiento operativo

Se realiza una medición de las medidas de efectividad reales del proyecto de transporte, obtenidas "in situ". Se determina si los supuestos de las etapas de análisis y evaluación se cumplen. Es recomendable realizar un estudio de "puesta en operación" del proyecto una vez que se alcanza la estabilidad del sistema, y determinar qué tan efectiva fue la solución propuesta y construida. Además, se debe determinar el análisis de ingresos al operario y beneficios al usuario, usando técnicas de ingeniería de transporte.

1.3 PROBLEMATICA FRECUENTE DEL TRANSPORTE URBANO EN CIUDADES LATINOAMARICANAS

Estudios sobre el transporte urbano en ciudades de America Latina ha puesto en evidencia problemas tales como:

- Congestionamientos frecuentes.
- Bajas velocidades de operación.
- Sistema de transporte público ineficiente, insuficiente, incómodo.
- Baja tasa de ocupación vehicular (vehículo privado).
- Alta sensibilidad a eventos (resta capacidad por choques/ accidentes).
- Uso intenso de vías secundarias.
- Falta de rutas alternas de igual capacidad.
- Vigilancia insuficiente a cumplimiento de ley de tránsito.
- Vehículos en malas condiciones.
- Terminales de buses en vías principales, restan capacidad de las vías.

Otras causas generales, no atribuibles al manejo del tránsito, pueden ser las siguientes:
- Crecimiento desproporcionado del parque automotor.

- Tránsito regional comparte eje vial urbano, con el tránsito local.
- Falta de planificación de transportes.
- No se instrumentan planes de vialidad y transporte entre entes: central, regional, municipal.
- Reducida capacidad vial; no ha aumentado en años.
- La demanda excede la capacidad del sistema principal de transporte.
- Crecimiento acelerado de la población, actividad comercial, y petrolera.
- Falta de continuidad de las vías del sistema de carreteras por limitaciones topográficas.
- Carencia de dispositivos viales: intersecciones y distribuidores.
- Sistema de transporte público deficiente.
- Anarquía de los conductores: falta de disciplina, ignorancia de leyes y reglamentos, falta de civismo, impunidad reinante.

Los efectos previsibles de la problemática anterior son:
- Pérdida de tiempo (horas hombre), pérdida de competitividad.
- Aumento del consumo de combustible.
- Aumento de la contaminación, por bajas velocidades, arranques y frenazos frecuentes.
- Aumento de estrés y agresividad.
- Pérdida de tiempo que podría destinarse al ocio (tiempo libre), pérdida de felicidad.

Un sistema de transporte urbano está compuesto por tres elementos físicos básicos: transporte público, transporte privado, y vialidad local. Es necesario tomar en cuenta estos tres elementos de manera integral para definir las políticas de transporte. En la figura 2 se presenta el esquema de un sistema de transporte terrestre.

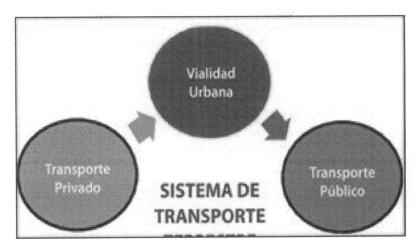

Figura 2. Sistema de transporte urbano   Fuente: Ciccarelli

1.4 Conclusiones previas

Se puede concluir y evidenciar la necesidad de realizar una planificación integral de los sistemas de transporte en una ciudad o en un país. El caso latinoamericano se repite en diversos países y ciudades.

El sistema de transporte existe para proporcionar a la población mayor calidad de vida. Los efectos percibidos en la población como pérdida de tiempo, aumento del consumo de combustible, bajas velocidades de circulación, aumento de estrés y agresividad, pérdida de tiempo de ocio (tiempo libre), se generan por una falta de planificación del transporte urbano.

Es necesario definir un plan de transporte coherente y revisado por diversos sectores técnicos, sociales y políticos que sea acorde con las necesidades urbanas.

Finalmente, el plan de transporte debe estar institucionalizado y debe trascender el ciclo político.

De lo contrario, no es factible su ejecución, pues todas las obras tienen una vida útil que supera en creces el ciclo gubernamental de cuatro años.

Referencias Bibliográficas

(1) http://www.lanamme.ucr.ac.cr/sitio-nuevo/images/documentos-tecnicos/Planificacion%20del%20transporte.pdf. Ing. Jaime Allen Monge, MSc. Laboratorio Nacional de Materiales y Modelos Estructurales .Universidad de Costa Rica.

(2) https://es.wikipedia.org/wiki/Planificación_de_transporte. 2/7/2017

(3). Planificación del Transporte Urbano. 2da. Ed. 2000, Michael Meyer y Eric Miller.

Capítulo II
ANALISIS OFERTA –DEMANDA [1]

2.1 EL MERCADO

"Mercado es un término que se utiliza, amplia y frecuentemente, para describir el proceso mediante el cual las decisiones de los individuos acerca de qué bienes o servicios consumir, las decisiones de las empresas acerca de qué, cómo y cuánto producir, y las decisiones de los trabajadores acerca de cuánto y para quién trabajar, son reconciliadas mediante el ajuste de precios y salarios"[2].

Para el caso específico del transporte urbano, el mercado estará integrado básicamente por tres agentes económicos:

a) La empresa prestadora de servicios de transporte de pasajeros, a la que se denominará operador de servicios de transporte. Tales empresas tendrán como finalidad el traslado de personas dentro de un espacio geográfico; a través de un medio físico (calle, carril exclusivo, etc), y utilizando un modo de transporte determinado (autobus, metro, taxi, etc.)[3].

b) Los consumidores, los cuales representan a los usuarios de los distintos servicios ofrecidos por los operadores de transporte.

c) El Estado, el cual intervendrá de manera directa e indirecta en la toma de decisiones tanto de los usuarios como de los operadores de los servicios de transporte.

2.2 DEMANDA Y OFERTA DEL TRANSPORTE

Son las dos caras de el mismo fenómeno que hemos decidido identificar como "mercado" de servicios de transporte. Frecuentemente suele pensarse que, en consecuencia, su análisis se ha desarrollado en forma muy paralela. Sin embargo, esta afirmación no es correcta. En los siguientes apartados se describirán los modelos básicos de la demanda de transporte, después lo correspondiente a la oferta y finalmente un modelo que intenta integrarlos en una sola representación (su "equilibrio") que resalta su interacción en un mismo fenómeno económico.

2.2.1 La demanda

Una función de demanda para un producto o servicio en particular, representa el deseo de los consumidores o usuarios, por comprar el producto o servicio a precios alternos.

La demanda de bienes y servicios en general, dependerá en buena medida del nivel de ingreso de los consumidores y del precio de un producto o servicio en particular, relativo a otros precios. Por ejemplo, la demanda de viajes dependerá del ingreso del viajero, mientras que la selección del modo de transporte queda sujeta a una serie de factores tales como el propósito del viaje, distancia por recorrer e ingreso del viajero[4].

En el caso del transporte urbano una función de demanda muestra, por ejemplo, un número de pasajeros que desean utilizar un servicio de autobuses a diferentes niveles de precios o tarifas entre un origen y un destino, para un viaje específico durante un período determinado.

Cuando el precio de un bien o servicio aumenta *ceteris paribus* ("ceteris paribus": expresión latina que significa "todo lo demás constante"), manteniendo constantes otras condiciones o factores como: gustos, utilidad del bien, ingreso y riqueza, los precios de bienes relacionados y de la cantidad de consumidores o usuarios potenciales, la cantidad demandada decaerá; a este fenómeno se conoce como: "Ley de la demanda".

Es posible representar gráficamente la demanda de un determinado bien o servicio, mediante una curva de demanda, la cual describe la relación entre el precio de un bien y la cantidad demandada en el mercado; una función lineal de demanda de viajes se muestra en la figura 2.1 para un par de puntos (origen y destino), un tiempo específico en el día, y para un propósito en particular. Es decir, una curva de demanda es la representación gráfica de la función de demanda, para predecir los viajes sobre un amplio rango de condiciones. Esta función asume un nivel y distribución dados del ingreso, de la población, y de las características socioeconómicas de la misma.

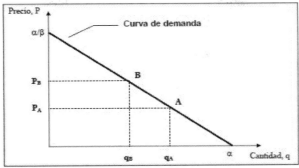

Figura 2.1   Función de demanda lineal

La función de demanda lineal de la figura 2.1, puede expresarse como sigue:

$$Q\,(p) = a - bp \quad \text{(2.1)}$$

Donde **Q** es la cantidad demandada del producto o servicio, **p** es el precio del producto o servicio, y **a** y **b** los parámetros constantes. Como puede observarse, la función de demanda se dibuja con pendiente negativa, expresando una situación donde un decremento en el precio percibido resultaría en un incremento en los viajes, aunque esto no siempre es cierto.

Para el caso de los servicios de transporte, la demanda se considera como una demanda derivada. Esto es, el transporte es un servicio raramente demandado por sus propias características ya que usualmente se deriva de alguna otra función o necesidad; por ejemplo, la demanda de un producto en determinado lugar originará la necesidad de transportar el producto desde los centros de origen hacia los centros de consumo, de ahí que el volumen de demanda producirá a su vez una demanda de transporte.

2.2.2   La oferta

La función de oferta representa la cantidad de bienes o servicios que un productor desea ofrecer a un precio determinado. Así, para el caso de una empresa que ofrece un servicio de transporte de pasajeros, la función de servicio estará dada por la cantidad de autobuses-kilómetro ofrecidos a determinada tarifa. Sin embargo, la cantidad de producto a ofrecer no sólo dependerá del precio del producto en el mercado, sino también de factores tales como el precio de los insumos y de la tecnología.

El precio de un bien aumenta, manteniendo constantes otras condiciones ("ceteris paribus") como: precio de los insumos, tecnología disponible, cantidad de productores potenciales, etc., la cantidad ofrecida aumentará. Este fenómeno se conoce como: "Ley de la oferta".

De manera similar a la demanda de transporte, es factible representar gráficamente la oferta de determinado bien o servicio a través de una curva de oferta, la cual muestra la relación entre el precio de un bien o servicio y la cantidad ofrecida en el mercado. Una función lineal de oferta de transporte corresponde a la figura 2.2.

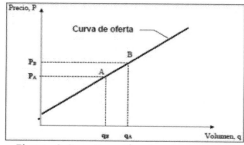

Figura 2.2   Función de oferta lineal

La función de oferta lineal de la figura 2.2, puede expresarse como sigue:
$$O\,(p) = c + dp \qquad \text{(2.2)}$$
Donde **O** es la cantidad ofrecida del bien o servicio, y **c** y **d** son parámetros constantes. Como puede observarse, en la figura 2.2, la función de oferta tiene una pendiente positiva al expresar una relación positiva entre el precio y la cantidad ofrecida.

2.2.3   El Equilibrio en el mercado

El Equilibrio es un estado de balance tal que un conjunto seleccionado de variables interrelacionadas no tienen una tendencia inherente a cambiar [5]. Así, desde el punto de vista económico, el equilibrio de mercado es una situación en la cual la cantidad ofrecida es igual a la cantidad demandada. Esto ocurre cuando las curvas de demanda y de oferta se interceptan, como se muestra en la figura 2.3, donde E es el equilibrio, P_E es el precio de equilibrio, y q_E es la cantidad de equilibrio.

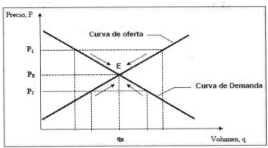

Figura 2.3   Equilibrio entre la oferta y la demanda

Como se observa en la figura 2.3, a un precio por debajo del de equilibrio, ocurrirá un exceso de demanda y el precio tenderá a elevarse. Por el contrario, a un precio por encima del de equilibrio, se presentará un exceso de oferta, y el precio tenderá a bajar.

Lo anterior implica que el equilibrio se alcanza siempre, a partir de cualquier punto fuera del equilibrio, siempre que se dejen actuar libremente las fuerzas del mercado, esto es, a las "leyes de la oferta y demanda" (véase la figura 2.4). Esto se conoce también como Teorema de la Telaraña, que representa un análisis de corte transversal, y sirve para llevar a cabo un análisis de estática comparativa, asumiendo un equilibrio parcial (en el sector analizado) sin consecuencias directas para otros sectores (lo que estudia la Teoría del Equilibrio General).[6]

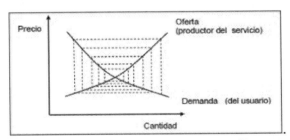

Figura 2.4   Trayectoria hacia el equilibrio Oferta-Demanda

Por tanto, se puede decir que el estudio del equilibrio consiste en analizar cómo los precios se ajustan de tal forma que las decisiones de los agentes económicos de la cantidad de demanda y de oferta sean compatibles. Asimismo, si las funciones de demanda y de oferta para un sistema de transporte son conocidas, entonces es posible tratar el concepto de equilibrio.

Si se tiene un equilibrio en el mercado, es posible analizar el efecto de cambios en otros factores tanto en la demanda como en la oferta, que llevarán a un nuevo equilibrio, es decir, se estudia el efecto de la relajación del supuesto de que otros factores que permanecen constantes "ceteris paribus". En el caso de la demanda, tales factores pueden agruparse básicamente en tres grupos: los gustos o preferencias de los consumidores, el ingreso de los consumidores, y los precios de bienes relacionados.

En el caso de la oferta, los factores pueden agruparse en las siguientes categorías: la tecnología disponible de los productores, el costo de los insumos (trabajo, maquinaria, materias primas, etc.), y la regulación del Gobierno[7]. De lo anterior se infiere lo siguiente: cualquier factor que induzca un incremento en la demanda producirá un desplazamiento de la curva de demanda a la derecha, aumentando el precio y la cantidad de equilibrio. Por otra parte, un decremento en la demanda (desplazamiento a la izquierda de la curva de demanda) reducirá el precio y la cantidad de equilibrio.

El análisis anterior es conocido como Análisis de Estática Comparativa, el cual es una técnica de análisis económico que consiste en comparar una posición de equilibrio con un equilibrio posterior, que ha surgido como resultado de cambios en los valores de los parámetros y en las variables exógenas.

2.2.4   Unidades de la oferta y demanda de transporte

¿En qué unidades se mide la demanda y, consecuentemente, la oferta de transporte? Existen varias unidades, no siempre claramente identificadas.
- VIAJE. Esta es una forma fácil y práctica de medir los deseos de movimiento de las personas y sus bienes. Sin embargo, no resulta fácil asociarla con la oferta.
- PASAJEROS. Por el contrario, para la empresa de transporte es más fácil hablar de pasajeros como la demanda que enfrenta y que tiene que satisfacer con oferta de espacio para esos pasajeros. El problema de lo anterior radica en que los viajes largos son igualmente valorados que los viajes cortos.
- PASAJEROS KILÓMETRO (pax-km). Para corregir el defecto anterior, una medida consiste en multiplicar los viajes por la distancia que implican para llegar así al concepto de pasajeros kilómetro; por ejemplo, 10 pasajeros que demandan viajes de 1.5 km (15 pax-km) requieren más oferta que esos mismos 10 pasajeros, demandando sólo 1 km en sus viajes (10 pax-km).

- PASAJEROS KILÓMETRO POR UNIDAD DE TIEMPO. (pax-km/tiempo). En ocasiones, resulta necesario conocer la frecuencia con que se presenta la demanda en relación al tiempo; por ejemplo, es muy importante saber si los 10 pax-km demandados se presentan en una hora o en media hora.
- VEHÍCULO. En otras ocasiones, la demanda de transporte se hace por un vehículo y no por cada usuario. Así, si se contrata el vehículo para un viaje, o para un período de tiempo; también pueden construirse las unidades veh-km o veh-hora, o incluso la más elaborada de veh-km/hora.

2.2.5 Ejemplo de aplicación: equilibrio entre la demanda y la oferta de transporte

Se ha observado que el tiempo de viaje, en una calle de un carril por sentido, que conecta dos sectores urbanos con actividad económica importante, se comporta de acuerdo con la siguiente ecuación o función de servicio:

$$t = 25 + 0.008v \qquad (2.1)$$

Donde: t y v son el tiempo y el volumen vehicular expresados en minutos y número de vehículos, respectivamente.

La función de demanda de viajes que se realizan entre los dos centros de actividad es:

$$v = 5500 - 110t \qquad (2.2)$$

Graficar tanto la función de servicio como la ecuación de demanda, y determinar el tiempo y velocidad de equilibrio de viaje.

SOLUCIÓN

Dado que:

$$t = 25 + 0.008v$$
$$v = 5500 - 110t$$

Sustituyendo (2.1) en (2.2):

$$v = 5500 - 110(25 + 0.008v)$$
$$v = 5500 - 2750 - 0.88v$$
$$v + 0.88v = 2750$$
$$v(1 + 0.88) = 2750$$
$$V = 2750 / 1.88 = 1462.76$$

Por tanto: el volumen vehicular de equilibrio es $v = 1463 veh / h$ (2.3)

Sustituyendo (2.3) en (2.1) : $t = 25 + 0.008(1463)$
Por tanto: el tiempo de equilibrio : $t = 36.7 min$
Esta solución queda representada como se puede ver en la figura 2.5.

Figura 2.5
Equilibrio estático entre la oferta y la demanda

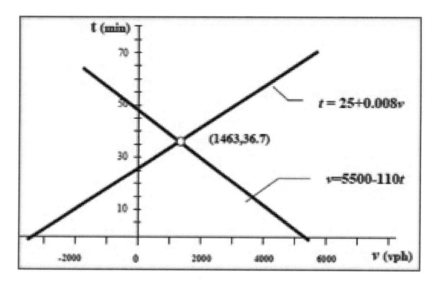

Referencias Bibliograficas

(1) "Estudio de la Demanda de Transporte". Victor M. Islas Rivera, César Rivera Trujillo y Guillermo Torres Vargas. Secretaria de Comunicaciones y Transportes. Instituto mexicano de transporte. ISSN0188-7297
2 Begg D, Fischer S. y Dornbusch R. Economics. McGraw-Hill Book Company Europe. 5ª Ed, 1997
3 Islas Rivera Víctor M. Apuntes de Introducción a la Ingeniería del Transporte. UPIICSA, IPN, 1992
4 Stubbs, PC, y Tyson, WJ, Transport Economics, Ed. George Allen & Unwin, 1984, U.K.
5 Rutherford Donald. Routledge Dictionary of Economics. Ed. Routledge, 1995.
6 Islas Rivera Víctor M. Apuntes de Economía del Transporte. UPIICSA, IPN, 1992
7 Begg D, Fischer S, y Dornbusch R. Economics. McGraw-Hill Book Company Europe. 5ª Ed, 1997.

Capítulo III [***]

CARACTERISTICAS ECONOMICAS

DE LA DEMANDA

Desde el punto de vista de la teoría económica, el pasajero es visto como un consumidor que selecciona entre varias opciones para maximizar su utilidad. En otras palabras, el usuario escoge aquel paquete de bienes, servicios y viajes que él considera como el mejor entre todos los disponibles, teniendo presente que varias restricciones podrían ser impuestas a su elección.

Estas restricciones incluyen las cantidades límite de tiempo y de dinero del viajero. El viaje mismo impone restricciones sobre la elección del viajero de cuánto tiempo gastará viajando, ya que el tomar parte en una actividad en un destino en particular involucra que el viajero gaste una cierta cantidad de tiempo mínima en viajar: éste no puede decidir en gastar menos [1].

3.1 ANALISIS DE LA DEMANDA DE TRANSPORTE

En esta sección se analiza con cierto detalle la demanda de transporte, la cual modela el comportamiento de los usuarios al representar la cantidad de un servicio de transporte que los usuarios desean adquirir en cada nivel de precio o tarifa. En este sentido, el precio de los servicios ofrecidos y el ingreso del consumidor serán determinantes para que el consumidor sea capaz de adquirirlos; una vez que el elemento de poder de compra es decidido, el consumidor observa las características del servicio y el valor por su dinero.

De lo anterior se deduce que la función de demanda de transporte expresa la cantidad de viajes demandados durante un determinado periodo en términos de un conjunto de variables explicativas. Por ejemplo, cuando se considera la demanda del transporte público urbano, estas variables incluyen el costo monetario del viaje, el tiempo gastado en viajar (quizá dividido en varios componentes tales como el tiempo en espera, en caminar y el tiempo a bordo del vehículo), similares variables para los modos competitivos y el ingreso [1].

Como se señaló en el capítulo anterior, el transporte es un servicio raramente demandado por sus propias características ya que, por ejemplo, una compañía que produce ropa o alimentos comúnmente ve al transporte sólo como un medio para mover sus productos desde la fábrica o almacén hacia los centros de venta.

Conforme la demanda de productos se incremente, en esa misma medida se incrementarán los servicios, instalaciones e infraestructura del transporte.

Cabe señalar que existe un supuesto muy importante en el análisis de la demanda de transporte, y que consiste en asumir que la demanda del mercado será el agregado de todas las demandas de los consumidores, y ésta será a su vez determinada por los mismos factores que afectan las demandas individuales. Esta es una premisa que debe ser revisada al obtener conclusiones generales al realizar un estudio específico, puesto que deberá tenerse cuidado en las implicaciones que tendría en cada caso el que no se cumpliera este supuesto simplificatorio.

3.1.1 Factores que determinan la demanda de transporte

Las razones por las que la demanda será más o menos intensa en unas regiones o lugares, o en unos momentos más que en otros, son muy diversas. Sin embargo, frecuentemente destacan ciertos factores. Por ello, autores como Stuart Cole [2], afirman que los factores a considerar en la determinación de la demanda de servicio transporte son, principalmente, los siguientes:

a. Características físicas (válidas principalmente para los servicios de transporte de carga)

En el transporte de carga, la selección del modo de transporte dependerá mayormente de las características de los productos a mover.

- Productos de alto valor y bajo volumen, son movidos usualmente por transporte aéreo.
- Productos de bajo valor y grandes volúmenes son movidos por barco, carretera o ferrocarril.

b. El precio

Normalmente, el precio del servicio está inversamente relacionado con la cantidad demanda de viajes. Es decir, a menor precio, mayor cantidad de usuarios demandará el servicio de transporte ofrecido. Recíprocamente, un aumento del nivel de precio del transporte ("tarifa") reducirá la cantidad de usuarios demandando dicho servicio, puesto que existe un nivel máximo de pago que cada usuario está dispuesto a realizar.

c. Los precios relativos de los diferentes modos de transporte o de servicios de transporte similares

La transferencia de pasaje entre los diferentes modos o compañías en el transporte urbano de pasajeros se determina en gran parte por los niveles relativos de tarifas del Metro o del autobús, así como del costo percibido por viajar en automóvil (por ejemplo, precios de la gasolina, tarifas de estacionamiento, etcétera).

De hecho, también los niveles de precio y disponibilidad de los bienes y servicios sustitutos del propio servicio de transporte de pasajeros, como el caso de las telecomunicaciones, puede llegar a afectar su demanda.

d. Ingreso del pasajero

En términos generales, si el ingreso de los habitantes de una cierta región se incrementa de manera evidente y no ocasional, la demanda de transporte aumentará (ya sea en cantidad de viajes, o cantidad de kilómetros), pues al tener más ingresos hay más posibilidades de comprar vehículos o realizar más viajes en el transporte público. En realidad, en muchas ocasiones es el nivel socioeconómico del usuario (siempre que sea estable o sea el observado en promedio en un lapso amplio) lo que determina que tenga mayor actividad económica y social, además de más compromisos ineludibles. Lo mismo puede decirse de toda la región, esto es, del conjunto de usuarios: al incrementarse de manera estable el nivel promedio de ingresos de la población, mayor necesidades de traslado habría de esperar porque la mayor disponibilidad de recursos estaría asociada con una también mayor actividad económica y social, en general.

e. Velocidad del servicio

Depende del valor del tiempo de los usuarios del servicio de transporte. Un menor tiempo requerido para realizar el servicio de traslado incentivará un mayor uso por los usuarios. Además, una mayor productividad mejorará la disponibilidad de los vehículos para satisfacer el incremento de la demanda sin la necesidad de adquirir vehículos adicionales.

f. Calidad del servicio

En muchas ocasiones no es el precio (algo esencialmente cuantitativo) sino la calidad del servicio (evidentemente, con un fuerte componente subjetivo) que en general esté ofreciendo la empresa prestataria, lo que motiva que se acerquen más usuarios a solicitar su servicio. Los elementos que pueden entrar en consideración del usuario pueden ser muy variados. Entre los más usuales destacan los siguientes:

i) Frecuencia del servicio. Los tiempos de despacho o los tiempos de arribo deben ser aquellos que el cliente espera obtener. Además, debe tomarse en cuenta que, en las situaciones en que no se puede programar la oferta con la demanda de transporte, el tiempo de espera de un usuario es, en promedio, igual a la mitad del intervalo de paso que se mantenga entre dos servicios consecutivos. Así, si el servicio es poco frecuente y no se conoce con anticipación el horario de paso, los usuarios pueden esperar demasiado.

ii) Estándar del servicio. La calidad de un servicio se determina por el mantenimiento de ciertos estándares o normas de desempeño que, como meta mínima, serán fijados en función del tipo de servicio (primera clase, segunda clase, etcétera). De hecho, dichos estándares deben ser acordes con el nivel de vida de la mayoría, lo cual debe ser tomado en cuenta por los transportistas si realmente desean continuar con la atracción de demanda por sus servicios.

iii) Comodidad. Esto se refiere no sólo a los aspectos que frecuentemente se relacionan con el "confort" propiamente del viaje o del vehículo, tales como viajar sentado y con cierta amplitud, visibilidad, aire respirable, temperatura regulada, ascenso y descenso fácil, etcétera, sino con aspectos relacionados con el diseño de las rutas o de las instalaciones para la espera y acceso a los vehículos todo lo cual se traduce en un ahorro de esfuerzos y molestias para los usuarios.

iv) Confiabilidad. Una razón frecuente de la pérdida de usuarios tanto en el transporte de pasajeros, es cuando se falla al llevar a los pasajeros a sus destinos, o al no realizar una conexión del servicio en el tiempo programado.

g) Seguridad. Este es de suma importancia en el transporte de pasajeros y concierne tanto a los pasajeros y autoridades del Gobierno como a los proveedores del servicio. La publicidad adversa de accidentes reduce la demanda para un modo de transporte en particular, especialmente en el corto plazo.

Así, la demanda es dependiente de cada uno de estos factores, y la compañía prestadora del servicio de transporte tiene continuamente que considerar el efecto de un cambio en el precio, en el ingreso, o en la calidad sobre la demanda de sus servicios.

3.1.2 La importancia del valor del tiempo en la demanda de transporte

Cada consumidor cambiará tiempo contra costo dependiendo de sus preferencias y nivel socio-económico. Si, por ejemplo, hay un usuario que va a viajar entre dos puntos urbanos relativamente separados y, dado su nivel de ingresos, le preocupa más el costo que el tiempo, viajará por un modo de transporte relativamente lento como el autobús o incluso el automóvil, mientras que a otros usuarios, quienes consideran el tiempo como más importante, seleccionarán el taxi para realizar sus viajes.

Asimismo, en función de la valoración del tiempo por parte de los usuarios potenciales del servicio, un operador debe ser capaz de reducir el tiempo de viaje con vehículos más rápidos, y disminuir la cantidad de paradas (por ejemplo, con servicios exprés) si el valor del tiempo de los usuarios así lo exige.

3.1.3 Variación de la demanda

La demanda puede variar de manera imprevista o aleatoria; no obstante, dado que la demanda de transporte depende de las actividades económicas que tienen un alto grado de rutina y repetición, puede existir cierta tendencia a mostrar un comportamiento cíclico más o menos estable.

Por ejemplo, hay un patrón para la variación horaria durante el día, esto es, una demanda que al amanecer crece hasta alcanzar un máximo matutino (la "hora pico"), luego disminuye a medio día y vuelve a subir en la tarde, para reducirse conforme la población se retira a descansar durante la tarde y noche (véase la figura 3.1).

Similarmente, existe una variación en la demanda durante la semana (véase la figura 3.2): mientras que la demanda es normalmente baja los domingos, crece los lunes; se estabiliza los martes (de hecho el martes se toma como típico o promedio de la semana); puede bajar los miércoles o jueves; muestra picos y congestionamientos los viernes, para disminuir los sábados. Igualmente, la demanda puede variar según el sentido del viaje que se realiza (véase la figura 3.3). Si el vehículo del transporte público se dirige hacia el centro de la ciudad, es muy probable que encuentre que la demanda se concentra en lugares diferentes, y tenga un volumen muy superior a lo que se observa en sentido contrario.

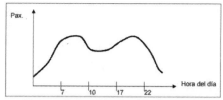

Figura 3.1   Variación horaria

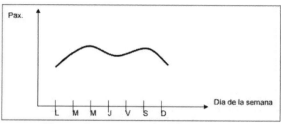

Figura 3.2   Variación seminal

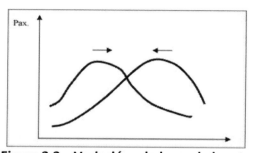

Figura 3.3   Variación a lo largo de la ruta

De lo anterior es posible concluir que si bien la demanda tiende a mostrar ciertos patrones estables, el nivel real que se presentará en un lugar y un momento específico dependerá de algunas circunstancias. Por ello, resulta necesario realizar una investigación y un monitoreo constante del comportamiento de la demanda, para sustentar mejor las decisiones que se tomen con relación a la oferta que se debe proporcionar.

Dicho estudio puede realizarse mediante dos tipos de herramientas esencialmente diferentes, pero complementarias y hasta cierto punto congruentes: el análisis microeconómico y el análisis macroeconómico. Este capítulo ha tratado de concentrarse en análisis a nivel micro.

3.2 PATRONES DE DEMANDA NO INFLUENCIADOS POR LOS OPERADORES [3]

3.2.1 Demanda en periodos de máxima demanda

Como se detalló en la sección anterior, este fenómeno se refiere a los lapsos en los cuales la demanda de servicios de transporte se concentra de manera importante por lo que incluso puede llegar a rebasar la capacidad de transporte ofrecida. Este fenómeno puede presentarse por hora del día, día de la semana, estaciones de mayor demanda durante el año, etc.

3.2.2 Cambios en los hábitos sociales

Los cambios en el patrón de los viajes de placer están fuera del control de los operadores de transporte.

3.2.3 Cambios en los precios y calidades de servicio de los competidores

La mejora en los servicios alternos, particularmente en la reducción de precios, puede significar cambios en la demanda en los servicios de un operador en particular.

3.2.4 Cambios en la distribución de la población

El cierre o generación de nuevos centros de atracción, y generadores de viajes (centros laborales, comerciales, de vivienda, etc.) modificará el patrón de viajes de la zona en cuestión, alterando la demanda de los servicios de transporte.

Por lo anterior, se dice que básicamente el operador intenta influenciar la demanda a través de las siguientes acciones.

1. Cambios en el precio para incentivar nuevos usuarios, o atraer usuarios de otros modos o atendidos por otros operadores. El objetivo de los operadores es maximizar sus ingresos y competir más efectivamente en el mercado. En muchas áreas del transporte el problema de los picos en la demanda puede ser influenciado mediante políticas de precios.

2. Mejoramiento en la calidad del servicio en términos de: frecuencia, confiabilidad, comodidad, accesibilidad, velocidad, intervalos regulares.

3.3 ¿POR QUE EL PROBLEMA DE LA CONCENTRACION DE LA DEMANDA ES PARTICULARMENTE MALO EN EL TRANSPORTE?

Los períodos de máxima demanda o "picos" de demanda, son lapsos en los cuales la demanda por el servicio de transporte está cercana, o rebasa la oferta de transporte que ofrece un determinado operador de servicios de transporte.

Fundamentalmente, estos periodos se presentan por la coincidencia en el tiempo y en el espacio de la demanda de servicios de transporte por parte de una gran cantidad de usuarios (por ejemplo, horas de entrada y salida al trabajo y a las escuelas).

Estos periodos, afectan significativamente las operaciones de los operadores de los servicios de transporte por las siguientes implicaciones.

1. El producto de transporte no puede ser almacenado; éste debe ser ofrecido cuando se requiere y consumido inmediatamente.

2. Puede existir una sobreoferta en los valles de demanda.

3. Costos implicados. Si por ejemplo un vehículo es usado todo el día, los costos son repartidos por el período de servicio (por ejemplo, 18 horas). Con un vehículo operando sólo en el Período de Máxima Demanda (PMD), los costos deben ser cubiertos en ese periodo, por ejemplo dos o tres viajes. Los mismos principios se aplican a los períodos máximos estacionales. Los servicios en el PMD pueden, por tanto, no ser rentables, y el precio fijado no ser suficiente para cubrir los costos adicionales. Desde el punto de vista marginal, las operaciones en los períodos fuera del PMD suelen ser más rentables, aunque la demanda en términos de pasajeros kilómetro por vehículo sea menor.

4. Indivisibilidad de la oferta. Esto se refiere al problema de vehículos que van llenos en la mañana con dirección hacia elcentro, pero van casi vacíos en la dirección contraria.

3.4   ELASTICIDAD DE LA DEMANDA

El conocimiento de la forma funcional de la demanda de viajes puede ser utilizado para pronosticar cambios en el volumen de demanda, causados por cambios en el precio o tarifa del servicio en el corto plazo. Una herramienta que describe el grado de sensibilidad de la demanda a cambios en el precio (o algún otro factor) es la elasticidad de la demanda [4]. En otras palabras, este concepto intenta medir el grado de respuesta de la demanda (cantidad demandada del servicio de transporte) ante un cambio en los factores de la demanda (precio del servicio, otros precios, ingreso, calidad del servicio, etcétera).

La demanda de pasajeros en el transporte público, por ejemplo, será influenciada por:

✿ las tarifas en relación con otros precios,

✿ las tarifas en relación con las tarifas de los otros operadores, y del costo de operación del automóvil ó vehículo particular,

✿ ingreso de los usuarios,

✿ nivel de desempleo,

✿ cantidad de automóviles por habitante,

✿ nivel de confiabilidad y nivel de servicio,

✿ imagen del servicio,

Como es evidente, los principales usos de las elasticidades son de dos tipos: analíticos y de prognosis. En el primer caso, el interés primordial recae en simular e investigar el comportamiento teórico de los usuarios actuales. La prognosis, en cambio, está más interesada en predecir efectos, por ejemplo de modificaciones de precios del bien en cuestión, o de los ofrecidos por la competencia.

3.4.1 Tipos de elasticidad

Cuando se utilizan elasticidades de demanda, debe distinguirse entre aquellas que se refieren a cambios en la demanda para un modo en particular, ocasionados por cambios en las variables asociadas con ese modo (llamadas elasticidades propias), y aquellas que se refieren a cambios en la demanda para un modo en particular, ocasionados por cambios en las variables asociadas con otros modos que compiten en el mercado (llamadas elasticidades cruzadas).

La elasticidad propia del precio es la respuesta de los consumidores a cambios en el precio del servicio; por ejemplo, la elasticidad propia del precio mide el cambio en la demanda de transporte público con respecto a un cambio en la tarifa del transporte público.

Por otra parte, la elasticidad cruzada del precio es una medida del efecto de un cambio en las tarifas de un operador sobre la demanda de los servicios de otro operador. Ésta puede tomar lugar entre los modos de transporte, dentro de los modos o aún en el interior de una empresa si ofrece una variedad de tarifas para un mismo viaje, pero con diferentes estándares de servicio; por ejemplo, el efecto en la demanda de transporte público debido a un cambio en los costos por el uso del automóvil, se mide por una elasticidad cruzada.

3.4.2 La medición de la elasticidad de la demanda

El tamaño del cambio en la demanda tiene que ser medido si la elasticidad se usa en las decisiones de política de precios dentro de una empresa.

3.4.2.1 Elasticidad precio de la demanda

En este apartado nos concentraremos en el cálculo de la elasticidad propia del servicio de transporte, esto es, la respuesta ante los cambios en los precios del mismo servicio, y omitiremos que se trata de elasticidad propia.

La elasticidad precio de la demanda se obtiene al dividir el cambio proporcional en la cantidad demandada, entre el cambio proporcional en el precio.

$$\in_{p_x} = \frac{\text{cambio proporcional en la cantidad demandada}}{\text{cambio proporcional en el precio}}$$

(3.1)

Matemáticamente, la elasticidad-precio es:

$$\in_{p_x} = \frac{\left(\dfrac{\Delta q}{q}\right)}{\left(\dfrac{\Delta p}{p}\right)} = \frac{\Delta q}{\Delta p} \bullet \frac{p}{q}$$

$$\text{cuando } \Delta p \to 0 \quad \in_{p_x} = \left(\frac{\partial q}{\partial p}\right)\frac{p}{q}$$

(3.2)

También se puede expresar en forma más práctica como:

$$\in_{p_x} = \frac{\left(\dfrac{\Delta q}{q}\right) \bullet 100}{\left(\dfrac{\Delta p}{p}\right) \bullet 100}$$

(3.3)

Bastaría conocer el incremento en precio y cantidad, y los correspondientes niveles iniciales, para calcular la elasticidad implícita en un cambio de precio. Nótese que la elasticidad es un concepto negativo, es decir, se asume que los incrementos en precio tienen un efecto negativo en la cantidad demandada, y que los decrementos de precio ocasionarán un aumento la demanda.

El anterior es un método para medir la elasticidad en forma directa. Al comparar dos puntos bajo la curva de demanda, la expresión 3.2 se conoce también como "elasticidad arco". Sin embargo, la gráfica del problema hace evidente que la función demanda no es siempre lineal, por lo que la aplicación de la fórmula tiene un riesgo. Por ello, resulta más aconsejable calcular la elasticidad a partir de la propia función de demanda (si es que se conoce), y aplicar los conceptos del cálculo diferencial. En otras palabras, se trataría de conocer la elasticidad a partir de datos tomados "en campo" (datos de una muestra de precios y cantidades), tratando de determinar la función demanda mediante técnicas como la regresión lineal o algún otro método de econometría. En ese y en otras ocasiones resulta conveniente aplicar directamente logaritmos, sabiendo que:

$$\mathbb{C}_{p_x} = \frac{\partial q/q}{\partial p_x/p_x} = \frac{\partial Log q}{\partial Log p_x}$$

(3.4)

El problema consiste en que la elasticidad, esto es la pendiente de la curva o la tasa de cambio, variará a lo largo de la curva, y la elasticidad a un nivel de tarifa dado no será igual a un nivel de tarifa abajo o por arriba de éste. Con la expresión 3.2, el cálculo de la elasticidad se supone que se estima en un punto de la curva de demanda. Sin embargo, la elasticidad punto puede resultar diferente ante grandes cambios en la tarifa. Debido a que los cambios en el mundo real en la variable explicativa (por ejemplo, tarifas) pueden ser significativos, otras medidas de elasticidad han sido definidas para calcular la elasticidad ante situaciones de cambios discretos y posiblemente grandes, en la variable explicativa.

Para solucionar lo anterior, tiene que utilizarse una medida de elasticidad arco, debido a que los cambios en la tarifa invariablemente ocurren a lo largo de la curva, y medir un punto a lo largo de la curva es por tanto inapropiado. Una dificultad adicional aparece cuando surgen cambios muy grandes en la tarifa.

Además, si éstas son altas y forman un rubro importante en el gasto, la demanda será elástica; por otra parte, si son bajas, la demanda será relativamente inelástica. Esta relación se debe tomar en consideración cuando existen cambios de una baja tarifa a una alta tarifa.

Elasticidad arco convexa:

$$\mathbb{C}_{arc} = \frac{\Delta Log(q)}{\Delta Log(p)} = \frac{Log(q_2) - Log(q_1)}{Log(p_2) - Log(p_1)}$$

(3.5)

Elasticidad arco lineal:

$$\mathbb{C}_{arc} = \frac{(q_2 - q_1)(p_2 + p_1)}{(q_2 + q_1)(p_2 - p_1)}$$

(3.6)

Cabe notar que, finalmente, la expresión 3.6 es totalmente equivalente a la expresión 3.3, reconociendo que ahora se trata del cálculo de una elasticidad arco.

Ejemplo 2.1

Supóngase un nivel inicial de precio de 5, y que a este precio se demandan 100 viajes. Después de haber bajado el precio a 2.5 se observa una demanda de 200 viajes. ¿Cuál es la elasticidad-precio?

Gráficamente, se tiene:

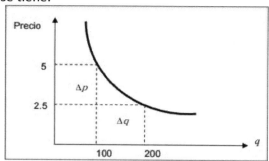

Sustituyendo en la expresión 3.3, se tiene:

$$\in_{p_x} = \frac{\left(\dfrac{\Delta q}{q}\right) \bullet 100}{\left(\dfrac{\Delta p}{p}\right) \bullet 100}$$

$$\in_{p_x} = \frac{\left(\dfrac{100}{100}\right) \bullet 100}{\left(\dfrac{-2.5}{5}\right) \bullet 100} = -2.0$$

donde:

$$\Delta q = (200 - 100) = 100,$$

$$\Delta p = (2.5 - 5) = -2.5$$

Por otra parte, conociendo la elasticidad se podría determinar el impacto, porcentual y absoluto, que tendrá un incremento de precio en el nivel actual de la demanda. Así, si E_{px}= -0.4, entonces un 10% de aumento en la tarifa reducirá el tráfico en 4%, e incrementará el ingreso en 5.6% (ya que el ingreso es igual al producto del precio por la cantidad). Si E_{px}= -1, entonces un 10% de incremento en el precio reducirá el tráfico en 10%, y dejará el ingreso constante.

Cuando la elasticidad es menor de -1 (más negativa de -1), se dice que la elasticidad de la demanda es elástica, lo cual significa que el cambio porcentual resultante en la cantidad de viajes será mayor que el cambio porcentual en el precio. En este caso, la demanda es relativamente sensible a los cambios en el precio. Sin embargo, cuando la elasticidad se encuentra entre 0 y -1, se dice que la demanda es inelástica, o relativamente poco sensible.

Lo anterior significa que, en cualquier caso, es importante recordar siempre que la elasticidad puede ser no constante a lo largo de la curva de demanda (salvo casos como el que se verá). Supónganse tres puntos a lo largo de la siguiente curva de demanda (véase la figura 3.4).

En un punto N se tiene que /E/ >1.0 (el valor absoluto de la elasticidad es mucho mayor que la unidad), por lo que se dice que es la parte elástica de la curva de la demanda: pequeñas variaciones del precio provocan grandes variaciones de la cantidad demandada.

En el punto M se tiene que /E/ = 1.0 (el valor absoluto de la elasticidad es igual a uno), por lo que se dice que la elasticidad es unitaria porque los cambios de precio provocan un cambio proporcionalmente igual en la demanda (un aumento de por ejemplo, 10% en el precio provoca 10% de reducción en la demanda).

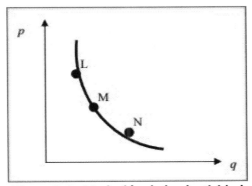

Figura 3.4   Variación de la elasticidad

Finalmente, en el punto **L** se tiene que /E/ < 1.0 (el valor absoluto de la elasticidad es mucho menor que la unidad), por lo que nos encontramos en la parte inelástica de la curva de demanda: las variaciones del precio afectan proporcionalmente menos las cantidades demandadas. Es decir, el efecto de reducir un precio, apenas si llega a sentirse en un incremento. De hecho, la elasticidad puede llegar a ser cero, lo que implica que por más que se varíe el precio (hacia arriba o hacia abajo), los consumidores siguen demandando la misma cantidad de bienes. Este sería el caso de un transporte monopolizado, en el que la población tiene que desplazarse a sus centros de trabajo, y puede ser objeto de abusos de parte de las empresas prestatarias. En ese sentido, es obligación gubernamental evitar que ocurra.

Algunos autores suponen que la función de demanda es una línea recta, y toman el valor negativo de la elasticidad-precio y no su valor absoluto, como tomamos en la figura 3.4. Así, la variación de la elasticidad-precio se puede mostrar en rangos diferentes a los mostrados, que son el caso general de cualquier factor de la elasticidad. Estos rangos se muestran en la figura 3.5 cuya curva de demanda lineal posee varias propiedades interesantes. Por ejemplo, nótese que al moverse sobre la curva hacia abajo, la elasticidad precio de la demanda disminuye, es decir, se hace más inelástica. De hecho, la elasticidad en un punto dado de la curva de demanda es igual a la longitud del segmento vertical por debajo de este punto dividida por la longitud del segmento vertical que se encuentra por arriba de éste.

Otra propiedad es que la pendiente de la línea es constante, pero la elasticidad cambia de un valor infinito (∞), en el cual la demanda intercepta el eje vertical hasta tener un valor de cero (0), donde la demanda intercepta el eje horizontal. Debido a que la curva de demanda cambia a lo largo de la curva es necesario especificar sobre qué rango de precios o cantidades se está midiendo la elasticidad[4].

En el caso de una demanda inelástica, el cambio proporcional en el precio será mayor que el de la cantidad demandada, y si la demanda es elástica, entonces el cambio proporcional en la cantidad demandada será mayor que el del precio.

La demanda por transporte masivo es altamente inelástica, particularmente en el corto plazo, y en muchos casos el tren urbano (Metro, Tranvía ó Monoriel) es la única forma práctica de viajar hacia el centro de la ciudad en las grandes urbes.

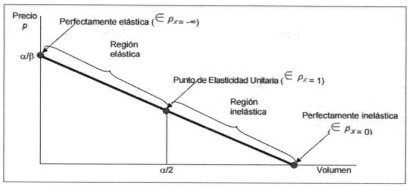

Figura 3.5   Sensibilidad de la demanda de viajes

En el corto plazo, se asume que la elasticidad de la demanda es relativamente baja (-0.1 a -0.4) o inelástica, debido a que las ubicaciones de los productores y consumidores están fijas y estos no tienen otra alternativa sino que realizar el viaje. En el largo plazo, sin embargo, otros factores determinantes de la elasticidad suelen variar. La gente puede cambiar de trabajo o de lugar de residencia, u otros operadores aparecer en la escena.

Es factible decir que tiene sentido cargar mayores tarifas en mercados menos elásticos (mercados donde la elasticidad propia del precio de la demanda es más baja en términos absolutos). Generalmente, se ha encontrado que las elasticidades en Períodos de Máxima Demanda (PMD) son menores que en períodos fuera del PMD, desde que una alta proporción de los viajes en PMD son esenciales (viajes al trabajo o a la escuela) y tienen destinos fijos (al menos en el corto plazo). Una proporción más grande de viajes en el período fuera del PMD son discrecionales (viajes sociales o de placer), o cambiar de destino (viaje de compras por autobús al centro de la ciudad pueden ser reemplazados por una compra local mediante desplazamiento a pie).

En la bibliografía del área del transporte, es común encontrar la idea de que $E = -0.33$, en particular en el transporte urbano. En otras palabras, se asume que el transporte es bastante inelástico. Este es un aspecto importante a ser considerado en la política tarifaría, pues un incremento de tarifas en un sector con alta inelasticidad de la demanda, puede provocar que la recaudación total sea ciertamente mayor que con tarifas bajas, aún considerando que aproximadamente uno de cada tres usuarios dejará de demandar el servicio.

La elasticidad precio de la demanda puede medirse en diferentes maneras. La más directa es por series de tiempo de observaciones del nivel de las tarifas y del nivel de pasajeros transportados con esas tarifas. Sin embargo, es importante incluir otros factores que pueden influir en la demanda (tales como los niveles de servicio, ingreso, y la cantidad de automóviles en la población) mediante técnicas estadísticas de multivariables, como el análisis de regresión múltiple[5].

Por ejemplo, existe un caso especial de la demanda en el que la elasticidad es constante: la función CES (Constant Elasticity of Substitution) cuya expresión es la siguiente:

$$q = ap^{-\alpha}$$ (3.7)

Por lo que aplicando la expresión 3.2, se tiene:

$$\in_{p_x} = \frac{\partial q/q}{\partial p_x/p_x} = \frac{\partial q}{\partial p_x} \cdot \frac{p_x}{q}$$

$$\in_{p_x} = \frac{\partial(ap^{-\alpha})}{\partial(p)} \cdot \frac{p}{q}$$

O sea,

$$\in_{p_x} = -\alpha\, ap^{(-1-\alpha)} \cdot \frac{p}{ap^{-\alpha}} = -\alpha$$

En este caso la elasticidad es siempre constante e igual a ($-\alpha$). Una aplicación importante de este principio consistiría en que de tener una función de demanda similar a la estructura matemática de la CES, se puede aplicar simplemente el método de mínimos cuadrados ordinarios para calcular las elasticidades.

Por ejemplo, sea una función de demanda como sigue:

$$Y = T^{\alpha} \cdot C^{\beta}$$ (3.8)

Donde:

Y = viajes demandados en cierto periodo

T = tiempo de viaje

C = costo (tarifa) pagada por el viaje

Aplicando logaritmos a la expresión 3.8, se tiene:

$$Log(Y) = \alpha\, Log(T) + \beta\, Log(C)$$ (3.9)

La cual es una función lineal simple, de la que se obtienen los parámetros α y ß por regresion lineal.

3.4.2.2 Elasticidad precio cruzada

El anterior concepto de elasticidad relaciona cambios en la cantidad demandada, ante los respectivos cambios en los precios del producto o servicio que se está analizando. Sin embargo, existe la necesidad de conocer el efecto que tendrá el cambio del precio del producto que se analiza en las cantidades demandadas de otro producto; esto se conoce como elasticidad "cruzada" para diferenciarla de la elasticidad directa, que es sobre el mismo producto.

Se le denota con diversas formas:

$$\in_{p_{xy}} = \in_{p_y^x} = \in_{x \, p_y}$$ (3.10)

Las cuales se interpretan como la elasticidad precio de los cambios en la cantidad demandada de X dado un cambio en el producto Y.

En cualquier caso, lo que se pretende es estimar la elasticidad cruzada del precio; entonces, la siguiente expresión debe ser utilizada:

$$\in_{p_{xy}} = \frac{\text{cambio porcentual en la cantidad demandada de nuestro servicio}}{\text{cambio porcentual en el precio del servicio de la competencia}}$$ (3.11)

Matemáticamente

$$\in_{p_{xy}} = \frac{\left(\dfrac{\partial q_x}{q_x}\right)}{\left(\dfrac{\partial p_y}{p_y}\right)} = \frac{\partial q_x}{\partial p_y} \bullet \frac{p_y}{q_x}$$ (3.12)

En este caso, el efecto de los cambios de tarifa puede ser positivo o negativo. Así, si los precios del Metro se incrementan, los servicios alimentadores perderían ingreso al ser complementarios. Los servicios carreteros, sin embargo, ganarían más del negocio pues son alternativas competitivas.

De hecho, cuando hay una fuerte competencia entre dos modos de transporte, es probable encontrar también un alto valor de elasticidad cruzada entre los servicios que ofrecen tales modos de transporte, lo que indica que dichos servicios son sustitutos. En cambio, valores bajos de elasticidad cruzada pueden ser un indicador de falta de competencia o de fuerzas monopólicas u oligopólicas.

Ejemplo Supóngase que se conoce la elasticidad-precio del servicio que se ofrece y es de -1.5. ¿Qué pasará con la demanda si le obligan a incrementar el precio en 10%, y transportaba 700 pasajeros?

Datos:

$E_{px} = -1.5$

$\Delta_{p/p} = 0.10$

$Q^0 = 700$

$\Delta q = ?$

$\Delta p = ?$

Empleando la fórmula 3.3, se tiene:

$$\in_{p_x} = \frac{\left(\dfrac{\Delta q}{q}\right) \bullet 100}{\left(\dfrac{\Delta p}{p}\right) \bullet 100}$$

(3.13)

Despejando y sustituyendo resulta:

$$\Delta q = \left(\in_{p_x}\right)\left(\left(\Delta p / p\right)\right)\left(q\right) = \left(-1.5\right)\left(0.10\right)\left(700\right) = -105$$

(3.14)

O, también:

$$\Delta q/q = -105/700 = -0.15$$

Esto es, se observaría una disminución de 105 pasajeros, lo que representa el 15% de la demanda original.

Consideremos el caso contrapuesto en el que es la competencia la que aumenta sus precios. Si nuestra empresa transportista mantiene sus niveles tarifarios y la elasticidad-precio cruzada es de 1.5, se observaría un aumento de 105 pasajeros.

¿Por qué?

Lo que sucede es que la fórmula es esencialmente la misma, y dado que son valores semejantes pero con elasticidad con valor positivo, el resultado es numéricamente similar, pero con signo contrario, lo cual es congruente con la idea de que si aumentan los precios de la competencia, se deberá observar un incremento en la demanda.

3.4.2.3 Elasticidad ingreso

Este es otro concepto relacionado con la elasticidad, y se refiere a los cambios que se pueden esperar en las cantidades demandadas de un producto o servicio ante los respectivos cambios en el ingreso de los consumidores o usuarios y es generalmente una elasticidad positiva. Mientras el ingreso se incremente, la demanda de viajes, medida en número de viajes realizados o la cantidad de kilómetros recorridos, se incrementará. Esto es verdad para los viajes en automóvil y Metro, los cuales se emplean por los grupos de altos ingresos, mientras que los viajes por autobús pueden producir elasticidades negativas ya que conforme el ingreso aumenta la gente usará modos de transporte más veloces y más cómodos.

Por ejemplo, es muy probable que muchas personas al tener ingresos más altos, tiendan a realizar más viajes en transporte privado.

La expresión matemática de esta elasticidad-ingreso, es la siguiente:

$$\in_m = \frac{\partial q}{\partial m} \cdot \frac{m}{q}$$

(3.10)

3.4.2.4 Elasticidad de servicio

Es una medida del efecto de los estándares de servicio sobre la demanda de un servicio de transporte. En el caso del transporte de pasajeros, se ha demostrado que cuando existen operadores alternos o modos disponibles; por otra parte, las demoras en el servicio llevarán a una pérdida constante de pasajeros.

Asimismo, la racionalización del servicio (particularmente cuando los cambios de ruta no son entendidos por los usuarios, o cuando la publicidad es pobre) puede también llevar a una reducción de la demanda.

A manera de ejemplo, es posible introducir un concepto análogo de la elasticidad del nivel de servicio como el cambio porcentual en el volumen de usuarios (comúnmente conocido como "tráfico"), debido a un cambio en la cantidad de autobuses - kilómetro del 1%. Este concepto podría considerarse menos útil que el mencionado en el párrafo anterior. Sin embargo, existen numerosas maneras de variar la cantidad de autobuses - kilómetro (modificando las frecuencias, la densidad de la ruta, el tiempo de operación en el día, o de la cantidad de días operados en la semana); en cada uno de estos casos, es muy probable que se tengan diferentes efectos sobre la demanda)[6].

En realidad, el concepto de elasticidad puede ser fácilmente generalizado a otros tipos de cambios en variables que tienen efecto en la demanda (véase este mismo capítulo). Se pueden encontrar elasticidades en relación con los factores de la función de costo generalizado, tales como tiempos de espera, transbordos, comodidad, tiempo de viaje, recorrido a pie, etc.

Ejemplo (a resolver y comentar por el lector)
Supóngase que los usuarios de un servicio de transporte tienen las siguientes elasticidades:
E_p = elasticidad-precio = -0.35
E_{te} = elasticidad-tiempo de viaje = -1.05
E_{tv} = elasticidad-tiempo de espera = -1.0

Además, se tienen sólo tres proyectos para captar mayor demanda:
A = dar contratos a compañías con 10% de descuento en el transporte de sus empleados
B = comprar vehículos para bajar el intervalo de paso de 6 a 3 minutos
C = mejorar las condiciones del camino para incrementar la velocidad en 5%.
¿Qué proyecto debe ser seleccionado si son mutuamente excluyentes?

3.4.3 La elasticidad y el ingreso total

Al calcular la elasticidad de la demanda de un servicio de transporte no sólo será factible estimar el cambio en la cantidad demanda del servicio ante un cambio en el precio o tarifa, sino también estimar el cambio en el ingreso ("revenue", en inglés) que obtendrá el operador del servicio ante tal cambio. Así, la relación entre la elasticidad de la demanda y el ingreso será la siguiente:

- Si $/E_I/ > 1$ (demanda elástica), entonces la tarifa y el ingreso total estarán inversamente relacionados, por lo que un incremento en la tarifa reducirá el ingreso total, pero una reducción de la tarifa lo aumentará.
- Si $/E_I/ < 1$ (demanda inelástica), entonces la tarifa y el ingreso total estarán positivamente relacionados, en cuyo caso un incremento en la tarifa aumentará el ingreso total, aunque una reducción de la tarifa lo reducirá.
- Si $/E_I/ = 1$ el ingreso total permanecerá constante ante cualquier cambio en la tarifa (aumento o reducción de la tarifa).

3.4.4 Modelos de demanda y cálculo de su elasticidad [7]

Sean definidas las siguientes variables:

Q= cantidad de viajes demandados

P= tarifa

T= tiempo generalizado de viaje (considere que el usuario valora el tiempo de caminar y de espera en dos veces el tiempo a bordo del vehículo)

Ep= elasticidad precio

Et = elasticidad del tiempo de viaje

a, b, c, y d = parámetros a establecer

Veamos a continuación algunos ejemplos de cálculo de elasticidad a partir de ciertos modelos clásicos.

3.4.4.1 Modelo de elasticidad constante

Sea el siguiente modelo doble logarítmico o lineal logarítmico

$$Q = aP^{b}T^{c} \qquad (3.11)$$

Aplicando logaritmos a ambos lados de la ecuación, se tiene:

$$LogQ = \log a + b \log P + c \log T \qquad (3.12)$$

y aplicando la expresión 3.4, tenemos que:

$$Ep = b \ y \ Et = c \qquad (3.13)$$

3.4.4.2 Modelos de elasticidad variable

41

☼ Exponencial negativa (o semilogarítmico)

$$Q = a e^{(bP + cT)}$$

$$ó \quad LogQ = \log a + bP + cT$$

$$\therefore \quad \in_p = bP \quad y \quad \in_t = cT \quad (3.14)$$

ó

☼ Costo generalizado de viaje

$$Q = aG^d \quad (3.15)$$

Donde:

$$G = P + T \text{ (valor del tiempo)}$$

$$\therefore \quad \in_G = d \text{ ,} \quad \in_P = d(P/G) \quad y \quad \in_T = d(T(\text{Valor del tiempo}))/G$$

(3.16)

☼ Lineal

$$Q = a + bP + cT$$

$$\therefore \quad \in_p = b(P/Q) \quad y \quad \in_t = c(T/Q)$$

(3.17)

3.4.5 Casos de aplicación[8]

Sirvan los dos siguientes casos para ilustrar la posibilidad de contar con modelos de demanda aplicados a servicios de transporte. Al final del capítulo se incluyen algunos ejercicios.

SERVICIO DE AUTOBUSES (Véase Smith and McIntosh, TRRL SR 37, 1973)[9]

$$Q_D = aP^b M^c e^{(-dT + \Sigma fDV)} \quad (3.18)$$

donde:
Q= cantidad de viajes demandados
P= tarifa
M = vehículos-kilómetro
T = tendencia del tiempo
DV = variable "*dummy*" estacional
a, b, c, d, f = constantes a ser estimadas

3.5   EXCEDENTE DEL CONSUMIDOR [10]

Para definir el excedente del consumidor, en la teoría microeconómica se reconoce la existencia de un precio máximo que cierto consumidor estaría dispuesto a pagar antes de no poder consumir cierto bien. En ese sentido, el excedente del consumidor sirve para medir la disposición a pagar ("WTP = Willigness to pay") por los consumidores o usuarios.

De hecho, este concepto fue identificado por Dupuit desde 1905 al reconocer que existían usuarios de puentes dispuestos a pagar más (valoraban mucho más que otros usuarios) por el uso de tales puentes, pero, aprovechando que el precio de equilibrio está por debajo de su evaluación marginal, pagaban menos de ese precio máximo.

En la figura 3.6 el precio máximo es el precio señalado por el cruce de la curva de demanda con el eje de las ordenadas (punto M). Además, existe el precio de equilibrio, esto es, el cruce de las curvas de oferta y demanda al que deberían venderse los productos que se ofrecen y demandan (punto E). Entonces, existe un área (achurada en la gráfica) que representa la cantidad total de pagos que exceden al precio de equilibrio, que el consumidor estaría dispuesto a dar, pero no lo hace cuando hay un trato justo (de equilibrio).

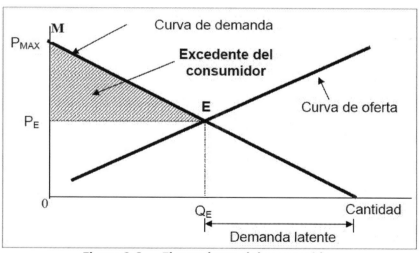

Figura 3.6   El excedente del consumidor

Estos conceptos aplicados al transporte, indicarían (según la teoría microeconómica) la forma de calcular la tarifa óptima por el servicio de transporte, pues, en teoría, bastaría con conocer las preferencias de los usuarios para conocer cuanto estarían dispuestos a pagar antes de dejar de usar una instalación o servicio de transporte. El problema radica en que no es tan fácil realizar tales mediciones, y no es fácil evitar que las personas mientan para no ser perjudicados, y menos fácil resulta valorar el tiempo de las personas. No obstante, aunque tenga deficiencias el método debiera ser intentado para intentar conocer los beneficios totales derivados del uso ciertas partes de la red vial o de transporte.

La figura 3.6 también ilustra un concepto adicional que es útil para los especialistas en transporte: la *demanda latente*; nótese que los viajeros entre QE y el punto de intersección de la curva de demanda con el eje de las abscisas no realizan actualmente viajes por el sistema, pero lo harían si el precio por viaje fuera menor que el precio de equilibrio PE. La cantidad de tales viajes potenciales se conoce como demanda latente. El concepto puede emplearse de varias maneras; por ejemplo, un operador de algún servicio de transporte puede esperar incrementar su demanda al introducir un descuento para aquellos que realicen viajes fuera del periodo de máxima demanda, para lo cual es preciso estudiar la demanda latente. Así, el mejoramiento en los sistemas de transporte puede ser medido en términos del cambio en el excedente del consumidor.

Ahora si consideramos que la función de demanda es una curva convexa con las propiedades matemáticas de una función de demanda "bien comportada", se tendría una gráfica como la contenida en la figura 3.7.

En esta figura 3.7 se pueden apreciar tres datos importantes:

CU = costo unitario, o sea costo de producir una unidad

P1 = precio de equilibrio de las fuerzas del mercado

Q1 = cantidad de bienes o servicios ofrecidas al precio P1

Existen, en consecuencia, varias áreas de interés:

Área A = excedente del consumidor. Total de pagos que los usuarios podrían hacer, pero no hacen;

Área B = ganancia total (P1 x Q1) - (CU x Q1)

Área C = costos totales (CU x Q1)

Área B + C = Ingreso total de la empresa (P1 x Q1)

Área D = "dead loss"; esto es, el excedente del consumidor perdido, lo que a su vez puede considerarse como la pérdida social causada por cobrar una tarifa por encima del costo CU.

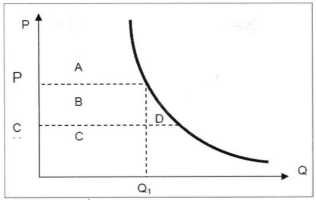

Figura 3.7   Áreas debajo de la curva de demanda

Como se puede comprobar, existen muchas aplicaciones posibles partiendo de los anteriores conceptos. Por ejemplo, supongamos ahora la figura 3.8, que muestra el caso de una vía en la cual presenta una oferta significada por la curva de tráfico S1, la cual intercepta la curva de demanda en E1. Un carril adicional en la vía al ser construido, desplaza la curva de oferta S1 a S2 y, por tanto, intercepta la curva de demanda en E2. El cambio en el excedente del consumidor puede ser cuantificado como el área trapezoidal P1P2E2E1, o [(P1-P2)(Q1+Q2)] / 2.

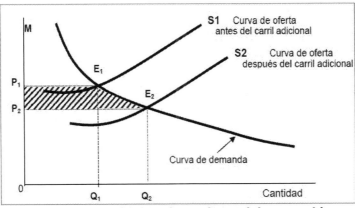

Figura 3.8   Cambio en el excedente del consumidor

En general, el beneficio de la comunidad es igual al área bajo la curva entre el origen y el punto Q1, el valor total del mercado es el área 0P1E1Q1, y el excedente del consumidor o beneficio neto de la comunidad es la diferencia entre estas dos áreas, o sea, el área que se extiende entre los puntos P1E1 y

M (donde la curva de demanda cruce hipotéticamente el eje vertical en nuestra gráfica)[11]. Así, el área achurada (P1P2E2E1) mide el cambio en el excedente del consumidor al pasar al nuevo punto de equilibrio en E2.

Algunas aplicaciones importantes de esta teoría serían, entre muchas otras:

☼ La determinación de tarifas de equilibrio diferenciadas para cada usuario ("extracción del excedente del consumidor") sin disminuir la demanda, esto es, aplicando métodos de selección o "discriminación" de usuarios, siempre que sea posible (al margen de cuestiones éticas);

☼ La determinación de un impuesto a la circulación en un monto acorde con las valoraciones de cada usuario;

☼ El cálculo de beneficios sociales, para una mejor aplicación del método costo/beneficio;

☼ Bases teóricas para la medición de la preferencia establecida o declarada ("Stated Preference") para conocer los pesos relativos que el usuario asigna a factores no monetarios (se pueden ver cómo los usuarios intercambian ahorro en el dinero pagado por el servicio por otros atributos del servicio, manteniendo el mismo nivel de demanda).

3.6 ANALISIS PRELIMINAR DE LA OFERTA DE TRANSPORTE

Por supuesto que el tema de la oferta de transporte también ha sido analizado por los economistas, aunque probablemente con mucho menos énfasis y volumen que en el caso de la demanda. No obstante, hemos considerado conveniente incluir en el presente trabajo un primer análisis de la oferta de transporte de tal manera que nos permita comparar su comportamiento con el caso de la demanda del transporte.

3.6.1 El origen de la oferta

Los servicios de transporte pueden ser ofrecidos por:

- Los gobiernos: en el ámbito nacional, regional o local, En este caso, los objetivos de la empresa de transporte serán, entre otros:

☼ Garantizar al menos un cierto nivel ("umbral inferior") de accesibilidad para todos.

☼ Maximizar los beneficios para los usuarios del servicio.

☼ Obtención de beneficios para no usuarios por medio de reducción de congestión y daño ambiental causado por el servicio.

☼ Promoción del desarrollo económico.

- Empresas privadas relacionadas con la prestación de servicios de transporte. En este caso, los objetivos del operador comercial del servicio de transporte será la maximización de sus propios beneficios (ingresos -costos).
- Individuos, es decir, usuarios que realizan o incluso ofrecen un servicio de transporte (caminar, automóviles, bicicletas, etc.)
La oferta de los servicios de transporte usualmente involucra la provisión de vías, terminales, y la operación de vehículos, pero estos no siempre son provistos, sostenidos o controlados por un sólo proveedor.

3.6.2 Diferencias modales

La facilidad con la cual la oferta de transporte puede ser incrementada o reducida dependerá de la naturaleza del modo particular de transporte empleado. En un extremo, un hombre-bús puede ofrecer una oferta de transporte al prestar un servicio de desplazamiento de personas con la compra de un bús de segunda mano. En el otro extremo, la prestación de servicio confortable de transporte urbano de pasajeros requiere instalaciones de transporte donde están involucrados vehículos, terminales y vías, esto requerirá un considerable gasto en capital y un largo periodo en la preparación y planeación de la operación del servicio de transporte.

Así, con los más complejos sistemas de transporte existirán problemas concernientes con el recorte o reducción de la oferta del servicio de transporte. En algunos casos, la oferta de transporte será especializada, por lo que los modos al diseñarse para un cierto trabajo, no será fácil ni rápido cambiar su operación y localización (i.e., servicios ferroviarios). Por el contrario, otros servicios o vehículos son más flexibles, permitiendo el uso de los mismos para una gran variedad de usos (i.e., transporte carretero).

3.6.3 El exceso de oferta de transporte

Por varias razones, el transporte es comúnmente ofrecido en cantidad excesiva.

Una producción no utilizada, tal como asientos vacíos, es un gasto que no puede ser almacenado. La demanda de servicios de transporte es frecuentemente desigual a través del tiempo. Muchos servicios de transporte, particularmente en el caso de pasajeros, son operados en función de una programación de despacho de los servicios, se utilice o no toda la capacidad. Otra causa de sobreoferta surge debido a la indivisibilidad de la oferta. Las vías tienen cierta capacidad, y los vehículos son fabricados en un rango limitado de tamaños.

En algunos casos, las instalaciones de transporte se proveen para incentivar el crecimiento económico o el desarrollo de una región, y la capacidad excederá el tráfico potencial hasta que tal crecimiento ocurra.

La sobreoferta puede surgir en situaciones donde exista demasiada competencia. En situaciones competitivas, los operadores no reducirán la cantidad de sus despachos sin considerar los servicios de sus competidores, debido a que sus servicios se harán menos atractivos, y sufrirán una reducción en su participación en el mercado.

3.6.4   Elasticidad de la oferta

Este es un concepto equivalente al de la elasticidad de la demanda, aunque tiene sus propias características.

3.6.4.1 Definición de la elasticidad de oferta

La elasticidad precio de la oferta se calcula como el porcentaje de cambio en la cantidad ofrecida (QS), dividida por el cambio porcentual en el nivel de tarifa (F).

3.6.4.2 Factores que determinan la elasticidad de la oferta

1. La facilidad de entrada en el mercado de transporte es un factor determinante de la elasticidad de la oferta.

2. Si las instalaciones de transporte pueden ser fácilmente convertidas de un uso a otro, por ejemplo de pasajeros a carga, entonces la oferta será más elástica que en una situación donde la transferencia de equipo es difícil, cara o imposible.

3. La oferta de una capacidad extra es frecuentemente vinculada no sólo a la oferta de vehículos, sino también a la oferta de energía.

El administrador de transporte debe considerar muchos factores en la toma de decisiones por dos principales razones:

a) El producto del transporte es complejo. No es sólo cuestión de mover personas o bienes de un lugar a otro, sino que dicho movimiento debe ser, realizado con seguridad y a tiempo. El servicio de transporte por si mismo es un producto mezclado con intermodalismo, involucrando cualquier otra combinación entre los diferentes modos. Existen también cortos periodos de notificación de variaciones en los requerimientos del cliente con cambios en el tiempo de despacho, ruta o modo, y esto frecuentemente no se ajustará a una relación simple precio–producto.

b) La demanda de transporte se deriva de otros patrones de demanda, esto raramente da una satisfacción directa dado que las personas o bienes no son movidos para mejorar o satisfacerlos, sino por la demanda de ellos en otra parte. La gente usualmente viaja porque prefiere vivir a cierta distancia de su trabajo, por vacaciones, recreo o negocios; poca gente viaja sólo por hacerlo. Por lo que los operadores de transporte necesitan saber las demandas básicas de las necesidades de transporte, y si éstas pueden ser pronosticadas; entonces, la demanda de transporte ser pronosticada más fácilmente.

3.6.5 El análisis de la oferta

Los costos incurren en la compra de los factores de producción para ser utilizados como insumos en el proceso de producción de servicios de transporte. El costo de producir cualquier servicio de transporte en particular depende de dos factores:

☼ Las relaciones técnicas entre las cantidades de los insumos y la cantidad de servicio de transporte producido (la función de producción del servicio de transporte)

☼ Las relaciones económicas entre las cantidades de insumos y sus precios

Los dos conjuntos de relaciones se combinan para dar una relación entre la cantidad de producto y el costo de producir el servicio.

Por su naturaleza como proveedoras de servicios a diferentes individuos, las compañías de transporte se consideran como empresas multiproducto en la cual el producto es heterogéneo. Sin embargo, como ya se vió, la unidad de medición más común del producto por parte de una empresa de transporte es la cantidad de pax-km, o la cantidad de ton-km, según sea el caso.

Un factor importante que se debe tener en mente es aquel relacionado con lo atractivo de los servicios de transporte al público que en general es la facilidad con la cual pueden ser utilizados. Esto cubre una variedad de puntos:

☼ Qué tan fácil es encontrar los servicios

☼ Qué tan bien se complementan los servicios en la red de transporte, y la facilidad de transbordo en los puntos donde se realizan

☼ Qué tan fácil es entender la estructura de la tarifa para pagar lo justo.

Referencias Bibliográficas

(***) Estudio de la Demanda de Transporte" Victor M. Islas Rivera, César Rivera Trujillo y Guillermo Torres Vargas. Secretaria de Comunicaciones y Transportes. Instituto mexicano de transporte. ISSN0188-7297 *(La demanda de transporte: Características económicas)*

1 Transport and Road Research Laboratory TRRL. The Demand for Public Transport. Report of the
International Collaborative Study of the Factors Affecting Public Transport Patronage. 1980.
2 Stuart Cole. Aplied Transport Economics. Policy, Management and Decision Making. Editorial Kogan Page
Limited, 1998.
3 Cole, Stuart. Applied Transport Economics. Policy, Management and Decision Making. Editorial Kogan
Page Limited, 1998.
4 C. Jotin Khisty y B. Kent Lall. Transportation Engineering. An Introduction. Editorial Prentice Hall, 1998.
5 Nash C A. Planning for Public Transport. Artículo publicado en: O'Flaherty C.A. Transport Planning and
Traffic Engineering. Arnold Editor, 1997.
6 Nash C A. Planning for Public Transport. Artículo publicado en: O'Flaherty C.A. Transport Planning and
Traffic Engineering. Arnold Editor, 1997.
7 Nash, Chris. Introduction to Transport Economics. Study notes. Institute for Transport Studies. The University of Leeds, 1997.
9 Ibidem. Smith and McIntosh, TRRL SR 37, 1973
10 Islas Rivera, Víctor M. Apuntes de Economía del Transporte. UPIICSA, IPN, 1992
11 C. Jotin Khisty and B. Kent Lall. Transportation Engineering. An Introduction. Editorial Prentice Hall, 1998

Capítulo IV

TERMINOLOGIA Y PARAMETROS OPERACIONALES BASICOS DEL TRANSPORTE PUBLICO

http://slideplayer.es/slide/1052901/

4.1   SERVICIO PUBLICO DE TRANSPORTE

Es aquel servicio que reune los siguientes requisitos:

- **Calidad y eficiencia:** se trata de un mandato que en muchos países es de orden constitucional.
- **Continuidad**: Servicio que se presta cada vez que la necesidad se hace presente, o que se efectúe **sin interrupciones**.
- **Generalidad:** es la garantía del derecho a exigir la prestación que tienen **todos los ciudadanos**. Es el fín en si mismo del servicio, que nace para satisfacer una necesidad general o colectiva.
- **Obligatoriedad:** Por imperio constitucional las autoridades proven la calidad y eficiencia de los servicios públicos. Es el Estado (per sé o por terceros) responsable de la satisfacción de las necesidades sociales de transporte urbano.
- **Regularidad**: significa que la prestación debe regirse de acuerdo a un **reglamento previo** que marque los límites de los derechos de los sujetos. Es la norma que garantiza la organización para la prestación, no es la organización en sí misma.
- **Uniformidad**: es la igualdad de trato ante la prestación. Es el principio de Igualdad constitucional traído a la relación de servicio público. Se refiere a **igualdad de trato para TODOS los usuarios.**

4.2   PARAMETROS   OPERATIVOS   DE   UN   SERVICIO   DE TRANSPORTE PUBLICO.

- **Ciclo:** Tiempo total requerido para que un vehículo realice un viaje completo de ida y vuelta en una ruta.

- **Costo**: es el valor pagado para realizar el viaje, ya sea este simple o combinado.

- **Flota requerida :**Número de buses (vehículos) requeridos para operar una ruta de transporte con un determinado intervalo
  Buses en servicio = Longitud de ciclo / intervalo
  Por ejemplo,
  Longitud de ciclo = 120 minutos; Intervalo = 10 minutos;
  Buses en servicio = 120/10 = 12
  El número de buses debe ser un número entero.

- **Dilema del planificador**: El número de buses requeridos no es un número entero
  Problema de ejemplo
  Longitud de ciclo = 72 minutos; Intervalo = 11minutos; Buses en servicio = 72/11 = 6.5
  Solución 1: Añadir tiempo adicional de terminal. Buses en servicio = (72 + 5)/11 = 7
  Solución 2: Reducir el intervalo. Buses en servicio = (72)/9 = 8
  Solución 3: "Estirar" el intervalo. Buses en servicio = (72)/12 = 6

- **Frecuencia**: cantidad de servicios ofertados en la unidad de tiempo (Por ejemplo, 20 servicios por hora).

- **Horario de servicio**: Intervalo horario dentro de los cuales se presta el servicio de trasporte público. Tiempos usuales de servicio:

  - Días laborables
    + Todo el día (abarca ambos períodos de máxima demanda
    + Únicamente horas pico AM, PM de desplazamiento al lugar de trabajo
    + Servicio "búho" (a primera hora de la mañana)
  - Servicio en sábados
  - Servicio en días domingo y festivos

- **Intervalo**: Es la separación, en tiempo, entre el desplazamiento de una unidad de trasporte y la inmediatamente consecutiva, en una ruta. Matemáticamente se expresa como la medida inversa de la frecuencia. Intervalo= (60/ 20 veh/hora) = 3 minutos/ por vehículo.

- **Longitud del ciclo**: Tiempo de recorrido en un viaje de ida y vuelta (redondo) + tiempo en terminal.

Por ejemplo, tiempo de recorrido en un sentido = 50 minutos en cada dirección.Tiempo de terminal = 10 minutos en cada terminal. Ciclo = (50 minutos X 2) + (10 minutos X 2) = 120 Minutos.

- **Paradas o Estaciones**: lugares donde se detienen las unidades que prestan un servicio de transporte público.

- **Recorrido**: itinerario o secuencia de varios puntos, paradas o estaciones en una trayectoria que define, direcciona y describe la ruta que seguirán las unidades de transporte público.Los Recorridos pueden cambiar dependiendo de la hora del día

- **Tarifa**: valor pagado por un usuario para realizar el viaje. Puede existir una tarifa para un viaje simple ó para un viaje en el que se combinen máas de una ruta o línea, en un mismo modo o en distintos modos.

- **Terminal:** Es el punto *final de una ruta*. Puede ser compartido por varias rutas y servido por diferentes modos.

- **Tiempo de marcha entre cabeceras o terminales de ruta**: Tiempo que tarda una unidad de transporte de ir desde el inicio hasta el final de una ruta. (De una cabecera otra).

- **Tiempo en terminal:** Tiempo transcurrido entre la llegada de un vehículo al terminal y su salida para el siguiente viaje. Sirve para: Recuperar tiempos perdidos si el viaje llega tarde y mantener el horario pre-establecido, y Un receso para el conductor
Generalmente es entre el 12% y 18% del tiempo de recorrido. Se requiere espacio en los terminales para detener y estacionar la unidad de transporte

- *Tiempo de recorrido: Es el tiempo que transcurre entre dos terminales.* Los tiempos de recorrido normalmente varían en función de la dirección del movimiento y la hora del día, de modo que el monitoreo es importante, ya que permite:

    — *Programación eficiente de vehículos*

    — *Buena información para el pasajero.*

- **Tiempo de viaje**: Es el tiempo empleado por una persona en su desplazamiento desde un origen a un destino, incluye el desplazamiento a pie, en uno o más modos de transporte y los tiempos de espera para el abordaje a él o a los modos de transporte utilizados.

- **Velocidad comercial**: velocidad promedio de las unidades que prestan un servicio de transporte público, considerando las paradas y detenciones. Se calcula a partir del kilometraje de su recorrido y del tiempo que tarda en desplazarse de una cabecera a otra.

4.3   PARAMETROS DE CALIDAD EN EL SERVICIO DE TRANSPORTE PUBLICO

- **Accesibilidad**: Parámetro que mide en tiempo, costo y distancia, la posibilidad de abordar un modo de transporte público.

- **Conectividad**: Se refiere a las posibilidades de vinculación que ofrece un sistema de transporte público para desplazarse desde un origen a un destino.

- **Confort**: Comprende el nivel de comodidad, grado de hacinamiento en los viajes, nievl de ruido y ventilación.

- **Intervalo (I):** Tiempo, en minutos, entre dos llegadas (o salidas) consecutivas de vehículos (buses o trenes) vinculados a una determinada ruta.
  Por ejemplo, si el intervalo es de 10 minutos, un bus o tren sale cada 10 minutos.
  Los usuarios del transporte público están siempre interesados en que el servicio tenga intervalos pequeños, para minimizar el tiempo de espera. Sinembargo, dado que para un volumen determinado de pasajeros a movilizar por hora, resulta más económico operar pocos vehículos grandes que un gran número de vehículos pequeños, los transportistas se interesarán en prestar el servicio con vehículos grandes y con los mayores intervalos posibles. En consecuencia, los intervalos deben establecerse teniendo en cuenta la conveniencia para los usuarios y el costo operativo del servicio.
  El punto en en el cual los mínimos intervalos posibles sean los más grandes (entre vehículos sucesivos), determina el mínimo intervalo para toda la ruta. Por tanto, para encontrar en una ruta el más corto intervalo (I mín), deben determinarse las paradas que, por efecto del ascenso o descenso, tengan mayor número de pasajeros. El mayor de estos intervalos es el crítico y representa el mínimo intervalo posible en la ruta.

Una expresión matemática de Intervalo puede lograrse relacionando tres variables:

$$N * I = T \quad ó \quad I = T/N \quad (4.1)$$

Siendo: N = Número de unidades en servicio; I = Intervalo (en minutos) y T= Tiempo del viaje redondo.

En otras palabras: Si algunas unidades de una ruta circulan en forma continua y a igual Intervalo, se tiene para ellas que el número de unidadesen servicio "N" multiplicado port el intervalo "I" es igual al tiempo de viaje Redondo "T". Esta relación permite inducir que si se incorporan más unidades a la ruta, se aumenta el tiempo total.

- **Frecuencia de Servicio (f)** : es el número de unidades (vehículos) que pasan por un punto de una ruta durante una hora (ó cualquier período dado). Asi, a menor intervalo más alta frecuencia y viceversa. Esto se expresa por:

$$f = 60 / I \quad (4.2)$$

Siendo : f = frecuencia, en vehículos/ hora e I= intervalo, en minutos.

La máxima frecuencia de llegada se determina con el mínimo intervalo:

$$(f_{max}) = 60/ I_{mín}. \quad (4.3)$$

En resumen: Un intervalo es la medida inversa de la frecuencia del servicio: ((60 min/hora) / frecuencia). Y frecuencia es la medida inversa del intervalo = (60 min/hora/ intervalo (min/veh)) = Buses/Hora = (60 / 10 = 6 buses/hora)

- **Limpieza**: Nivel de aseo de las unidades de transporte.
- **Regularidad**: Está dada por la mayor o menor uniformidad de los intervalos entre servicios.

4.4 PARAMETROS ECONOMETRICOS DEL TRANSPORTE PUBLICO.

- **Capacidad Vehicular (Cv):** es el número total de espacios disponibles para los pasajeros en un vehículo. Se determina sumando el número de asientos con el número de posibles pasajeros parados. Esta definición se aplica solo a rutas urbanas. En servicios interurbanos, la capacidad vehicular es igual al número de asientos existentes.

- **Capacidad util del vehiculo** (ó *Porcentaje máximo de utilización del vehículo):* Relación entre el número de pasajeros en la unidad de transporte y la capacidad vehicular (Cv)
Ejemplo:
Número de Pasajeros en un Bus = 120 ; Capacidad del Vehiculo = 160 espacios disponibles
Capacidad Útil del Vehículo = 120/160 = 0.75 or 75%

  El número de pasajeros parados depende de las políticas locales
  – Área por pasajero (mt^2/pasajero)
  – Distancia y tiempo de los viajes
  Nota: Conocer la capacidad útil es clave:
  + En el diseño de horarios para que éstos satisfagan la demanda adecuadamente
  + Refleja políticas que impactan la calidad del servicio, tales como:
- Porción del espacio del vehiculo dedicada a asientos y pasajeros parados
- Grado de hacinamiento
- Tiempo máximo que un pasajero debe estar parado

- **Ciclo de vida:** comprende las etapas de utilización y fin de vida de las unidades de transporte, contadas a partir del momento de su adquisición e incorporación a la flota.

- **Costos**
  + De Capital (adquisición de activos tales como vehículos, paraderos, terminales y garajes).
  + De Operación/Mantenimiento (por ejemplo, salarios, beneficios, repuestos y combustible)

- **Costos Inmediatos**
  ➢ *Costos del ciclo de vida* contempla costos de operación y de capital divididos por la vida útil de los activos.
  – Implica un Ahorro de fondos para un eventual reemplazo de buses o infraestructura

➢ *Costos de operación inmediatos que se pueden ahorrrar a corto plazo* contempla únicamente costos de operación/mantenimiento (inmediatos)
—No conlleva ahorro de fondos para un eventual reemplazo o reposición de buses o infraestructura
➢ *Sostenibilidad Financiera Depende de los Costos de Ciclo de vida.*

- **Demanda (número de pasajeros movilizados)**
  ➢ **Pasajeros a bordo**
    —Se cuentan cada vez que un pasajero aborda un vehículo
    —Constituye la medida más común para cuantificar el número de pasajeros
  ➢ **Viajes-Persona** (Viajes Origen-Destino)
    —Se cuentan una vez para cada viaje origen-destino, sin tener en cuenta los transbordos
    —Constituye un número más pequeño que el de pasajeros a bordo.
  ➢ **Volumen de pasajeros** (p) : es el número de pasajeros que pasan por un punto determinado de una ruta en una hora, ó durante un período prestablecido. El volúmen de pasajeros varía a lo largo de la ruta, con las horas del día, con los días de la semana y con las estaciones del año.
  ➢ **Sección de Máxima Carga** (SMC) : es el tramo de ruta entre dos estaciones en el cual se produce el máximo volumen de pasajeros. La SMC se indica en la figura 4.1.
  ➢ **Volumen Horario de Diseño** (P): es el mayor volumen posible de pasajeros para todos los tramos de la ruta (ver figura anterior). Este volumen es un factor importante para determinar la capacidad de la ruta que puede ofrecerse.
  ➢ **Capacidad vehicular de la ruta** (C):
    Dada, tanto la capacidad de un vehículo "Cv", como "n" el número de vehículos por unidad de transporte y U las unidades por hora en servicio y suponiendo que todas las unidades que circulan en la ruta son iguales, la capacidad de la ruta, definida como el número de pasajeros que pueden pasar por un punto de la ruta en una hora, será:

Figura 4.1

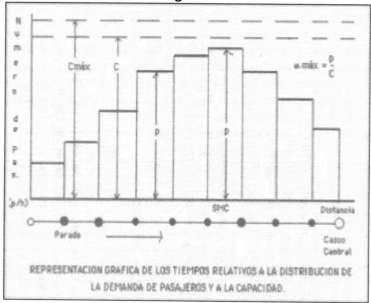

REPRESENTACION GRAFICA DE LOS TIEMPOS RELATIVOS A LA DISTRIBUCION DE LA DEMANDA DE PASAJEROS Y A LA CAPACIDAD.

$$C = n * Cv * U \quad (4.4)$$

Al sustituir $U = (N * v)/2L$ en la ecuación anterior, se llega a:

$$C = n*N*Cv*V/2L \quad (4.5)$$

Esta última ecuación es fundamental para el calculo de la capacidad de la ruta.

De esta relación se deduce que la capacidad de una ruta puede aumentarse:

a. Incrementando la velocidad comercial
b. Incrementando la capacidad de cada vehículo ó el número de vehículos por unidad.
c. Incrementando el número de unidades.

Si se considera que el tiempo del ciclo $T = \Sigma\, t_i$, donde t_i = tiempo en terminal (t_t) + tiempo operacional (t_o), al reemplazar $U = (60*N)/T$ en $C = n*Cv* U$, se tiene que:

$$C = 60 * N * n * Cv/T \quad (4.6)$$

➢ **Capacidad ofrecida de la ruta** (C_{of}): es el número total de espacios ofrecidos a los pasajeros en un punto dado de una ruta durante una hora (Ver figura 4.1). Constituye un parámetro básico para la planificación y diseño de un sistema de rutas de transporte público. Cada facilidad de transporte debe proveer una capacidad igual o mayor que "P". La capacidad de la ruta se obtiene multiplicando la frecuencia por la capacidad del vehículo y se expresa en pasajeros/hora.

$$C_{of} = f * Cv \qquad (4.7)$$

➢ **Capacidad Máxima de la Ruta** (C_{max}): es el máximo número de pasajeros por hora que una ruta puede transportar enel mínimo de intervalos operacionalmente factibles.

$C_{máx}$ (ver figura 4.1) está dada por el producto de la máxima frecuencia y la capacidad del vehículo.

$$C_{máx} = f_{máx} * Cv = (60 / I_{mín.}) * Cv \qquad (4.8)$$

- **Factor de ocupación (Factor de carga) :** *Pasajeros a bordo expresados en porcentaje de puestos disponibles*
  Por ejemplo,
  Número de pasajeros en el bus = 120; Número de espacios en el bus = 48
  Factor de ocupación = 120/48 = 2.2 ó 220%
  Los factores de ocupación entre operadores de transporte público varían, según
  - o   La Configuración de las sillas
  - o   Políticas concernientes a los pasajeros de pie
- **Horas y Kilometros Comerciales**
  Horas y kilómetros en operación cuando los vehículos de están disponibles para el público
  Incluyen:
  – Tiempo de recorrido
  – Tiempo de terminal
   A veces se le denomina *horas o kilómetros efectivos.* Una medida de rendimiento se expresa en horas/ kilómetros comerciales
- **Horas y Kilómetros Muertos**
  Horas y kilómetros recorridos por los vehículos cuando no están en servicio
  ➢   Incluye las horas o kilometros durante las cuales un vehículo viaja entre
      – El garaje y el inicio de la ruta ó
      – Entre dos rutas cuando el vehículo cambia de ruta
      Una medida de rendimiento sería horas/ kilómetros muertos
- **Horas y Kilómetros del Vehículo**
  Horas y kilómetros recorridos por el vehículo desde la salida del garaje, hasta la llegada de vuelta al garaje
  ➢   Incluye

–Horas comerciales

–Horas muertas

No incluye otros kilómetros u horas tales como por ejemplo, el entrenamiento.

Una medida de rendimiento sería horas/kilómetros del vehículo.

- **Pasajeros en el Máximo punto de Carga**

  Número de pasajeros abordo de un vehículo en el punto de máxima demanda de una ruta

  - Generalmente se produce en el límite del centro de las ciudades para las rutas que sirven esta zona

  - Se utiliza para programar vehículos que alcancen los estándares del factor de ocupación o la máxima capacidad permitida

- **Perfil de la Demanda para una Ruta Radial** (Ver Figura 4.2)

Figura 4.2

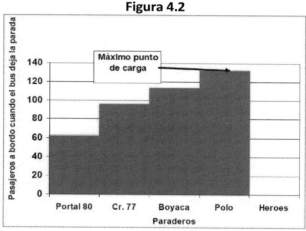

- **Puestos –kilómetro por hora:**

  Si se realizan en una hora V viajes en la ruta, los puestos-kilómetro serán:

  $$PKU = V * \llcorner \qquad (4.9)$$

  Siendo " $\llcorner$ " la longitud media, en kilómetros, recorrida por pasajero.

- **Tiempo operacional (T_0) :** es el intervalo programado entre la salida de un vehículo del terminal (parada de fín de ruta ó estación terminal) y su llegada al otro extremo de la ruta. "T_o " se expresa generalmente en minutos (ver figura 4.3).

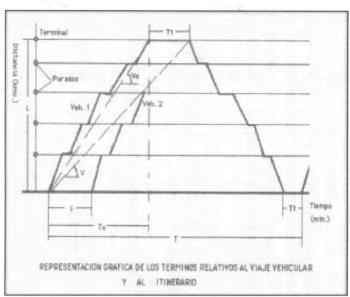

Figura 4.3   Términos relativos al viaje

- **Tiempo en terminal (T_t) :** es el tiempo empleado por un vehículo en un terminal ó en la parada de fín de ruta, sin incluir el correspondiente al descenso y ascenso de pasajeros. Su objetivo es dar tiempo para acomodar el vehículo, rotar o permitir el descanso del conductor y ajustar el horario (ya sea para mantener la uniformidad de los itinerarios o recuperarlo por demoras ocurridas en el viaje) (Ver figura 4.3). El mínimo tiempo de descanso se acuerda con los sindicatos. Puesto que el tiempo de descanso y la recuperación por demoras depende de la duración del tiempo de operación, el tiempo en terminal para sistemas de superficie se expresa por la relación (¥) entre el tiempo en terminal y el tiempo operacional.

$$¥ = Tt /To \quad (4.10)$$

El valor de ¥ puede variar entre 0.12 y 0.18 dependiendo de las cláusulas laborales, de las condiciones del tránsito, de las variaciones del volúmen de pasajeros y de otros factores locales.

El tiempo de viaje varía considerablemente entre rutas y durante los diferentes períodos. Para tales casos, pueden presentarse largos tiempos en terminal, si se mantiene el tiempo de salida para el viaje de regreso y si los horarios aceptan moderadas demoras.

- **Tiempo del ciclo (T)** : es el tiempo total de viaje Redondo de un vehículo, en minutos; también es el intervalo entre tiempos consecutivos de un mismo vehículo que pasa dos veces en la misma dirección, por un punto fijo de la ruta.
  Este tiempo se expresa así:

$$T = 2 (To + Tt) \quad (4.11)$$

  si la ruta tiene "To" igual para cada dirección e igual "Tt" para cada terminal.

- **Velocidad operativa** (Vo): es el promedio de la velocidad de un vehículo de transporte público, expresado en kph., que incluye tiempo de parade en estaciones y paradas y demoras por razones del tránsito. Se calcula como la razón entre la longitud de la ruta (L), en kms., (medida en una sola dirección) y el tiempo operacional en minutos. (Ver figura 4.3).

$$Vo = (60L)/ To \quad (4.12)$$

- **Velocidad Comercial** (V) : es el promedio de velocidad de un vehículo de transporte de pasajeros obtenida durante su viaje redondo (Ver figura 4.3).
  $V = 120 L/T$
  Siendo V = en kph, T en minutos y L en kms.
  La velocidad comercial es para el transportista, el tipo más importante de velocidad, puesto que determina, junto con el intervalo, el tamaño de la flota y el costo de operación.
  Esta velocidad media tiene en cuenta los tiempos totales de parada y retorno en terminales. De la ecuación anterior se puede establecer la siguiente relación:

$$T / 60 + 2 L / V \quad (4.13)$$

  Debe tenerse en cuenta que la longitud del recorrido total de la ruta, ida y vuelta, es 2L.
  Al eliminar "T" entre las ecuaciones $N*I = T$ y $V = 120 L /T$ se obtiene:

$$V * N * I = 120 * L \quad (4.14)$$

  Según esta ecuación, es posible observar que para una longitud de ruta constante, resulta:

$$V* N* I = Constante \quad (4.15)$$

  lo que permite establecer las siguientes consecuencias:

a. Para un mismo intervalo, un aumento de velocidad comercial significa una disminución del número de unidades en servicio.

b. Si permanence constant la velocidad commercial, un aumento del número de unidades hace disminuir el intervalo.

c. Si el número de unidades en ruta varía, un aumento de la velocidad comercial implica una disminución del intervalo entre unidades.

- **Vehículos- Kilómetro ofrecidos (VKO) ó (Producción de transporte)** : El producto de una empresa de transporte público colectivo de pasajeros se expresa en puestos-kilómetro, ó, dicho de otra forma, en vehículos- kilómetro.

  Si se simplifica el análisis a una determinada, el número de vehículos-kilómetro ofrecidos en esa hora pueden calcularse multiplicando el total de vehículos en ruta durante esa hora por el valor que expresa su velocidad en kms-hora. Es decir:

  $$VKO = n * N * V \quad \text{(ec: 4.16)} \quad ó \quad VKO = 120* N*n*L/T \quad \text{(ec: 4.17)}$$

  Y los puestos-kilómetro ofrecidos PKO) en esa hora, serán, por tanto:

  $$PKO = VKO * cv = n*N*v* Cv \quad \text{(4.18)}$$

  Si se tiene en cuenta la expresión matemática establecida anteriormente para la capacidad ($C= n*N*Cv*v/ 2L$), se llega a la siguiente expresión:

  $$PKO = C* 2L \quad \text{(4.19)}$$

  Si se quiere expresar "PKO" en función de T y de L, es necesario eliminar la velocidad comercial entre las ecuaciones $v*N* I = 120* L$ y $PKO = n* N* v* Cv$, obteniéndose:

  $$PKO = n*N*C*120 L / (N*I) = 120*L*n*Cv/ I$$

  Sustituyendo en esta última expresión el valor de "I" generado en $N*I = T$ se obtiene:

  $$PKO = 120*L*n*N*Cv/T$$

  Las dos últimas expresiones son de poca utilidad.

- **Unidades por hora (U):** es el número de unidades vehiculares que pasan por un punto cualquiera de la ruta durante una hora. Este número **U** se puede determinar mediante la siguiente expresión:

  U = [Horario de servicio (horas/ día) * 60 min/hora] / [Tiempo total de recorrido (min/viaje)]

  $$ó \quad U = 60/ I \quad \text{(4.20)}$$

  En virtud de $N * I = T$ (ya establecido), entonces,

  $$U = (60 * N))/T \quad \text{(4.21)}$$

- **Unidades por hora y velocidad comercial:**

Relacionando $U = (60 * N) / T$ y $T = 120 L/V$ se llega a :

$$U = (N * V) / 2L \quad (4.22)$$

Cuando la longitud de ruta es constante, de esta ecuación se derivan consecuencias análogas a las de la velocidad comercial.

4.5   COEFICIENTES DEL TRANSPORTE PUBLICO

- **De utilización, grado de ocupación ó rendimiento de una ruta (r):**
  Se define por la relación $r = PKU / PKO$ (4.23)
  Haciendo uso de las expresiones :
  ➢ $v * N * I = 120 * L$
  ➢ $U = 60/I$
  ➢ $C = n * Cv * U$
  Puede expresarse "r" como:

$$r = (v * I) / n * N * Cv \quad (4.24)$$

  ó $r = v * I / C * 2L$ (4.25)

- **Factor de Carga (α) :** $\alpha = p/C$ (4.26)
  Es la relación entre el número de pasajeros en un vehículo y la capacidad del mismo vehículo (Ver figura 4.1). Un valor alto de α (cercano a 1) significa que que la unidad de transporte lleva un buen número de pasajeros y que algunios vehículos no tienen capacidad suficiente para recoger a todos los pasajeros que esperan movilizarse.

$$\alpha = p / F * Cv \quad (4.27)$$

  ó $\alpha = I * p / 60 * Cv$ (4.28)

- **Potencia de transporte (PT) :**
  Es el producto de la capacidad vehicular (C) por la velocidad (V).

$$PT = V * C \quad (4.29)$$

  Sustituyendo a C en la ecuación anterior por el valor en $C = n * N * Cv * V / 2L$ (ya descrito) se llega a la siguiente expresión:

$$PT = N * n * Cv * V^2 / 2L \quad (4.30)$$

De igual manera, reemplazando el valor de V en la expresión anterior por el $V = 120L/T$ se obtiene:

$PT = N * n * Cv * (120)^2 / (2L * T^2)$ (4.31) que a su vez es igual a: $PT = N * n * Cv * 2L / (T/60)^2$ (4.32)

Comparando las expresiones PKO = 120 * L* n* N*Cv / T   y   PT = N*n* Cv**2l / (7/60)^2 es posible obtener que :

$$PT = PKO / (T/60) \quad (4.33)$$

Se puede inferir, por esta última relación, que la potencioa de transporte (PT) puede ser definida como el cociente de los puestos-kilámetro ofrecidos y el tiempo total de recorrido, expresado en horas.

- **Potencia utilizada de transporte (PUT) :**
  La potencia de transporte, realmente utilizada, será similar a la Potencia de Transporte (PT) ya determinada :

  $$PUT = PKU / (T/60)$$

  Y según la expresión PKU = V* I (antes mencionada) :

  $$PUT = V * I / (T/60) \quad (4.34)$$

  El cociente de las expresiones PUT = PKU / (T/60) y PT = PKO / (T/60) conduce, como es lógico, a:

  $$PUT/ PT = PKU/PKO = r \quad (4.35)$$

- **Tamaño de la flota (Nf)**
  Es el número total de vehículos que posee una empresa o línea de transporte público urbano. Está conformado por los vehículos necesarios para prestar servicio normal "N" en períodos pico en todas las rutas, más los vehículos de reserva "Nr", los vehículos en mantenimiento y reparación "Nm".

  $$Nf = N + Nr + Nm \quad (4.36)$$

- **Uso de términos comunes en el transporte público:**
  El uso de terminología común en el transporte público hace más facil:
  –Comunicarse con los profesionales del transporte,
  –Aprender de otros sistemas de transporte, y
  –Comparar resultados de desempeño

4.6   NOMENCLATURA

Las relaciones matemáticas que se mencionan en este capítulo responden a la nomenclatura siguiente:

C   = Capacidad de la ruta, expresada en pasajeros por hora,
$C_{máx.}$ = Capacidad máxima de la ruta.
c_v = Capacidad vehicular, en número de pasajeros.
f   = Frecuencia de servicio, en vehículos por hora.
α   = Factor de carga.
I   = Intervalo entrecada unidad detransporte y la siguiente, en minutos.
L   = Longitud de la ruta (distancia entre estaciones extremas), en kilómetros.
Ḻ   = Longitud media de la ruta, recorrida por pasajero, en kilómetros.
N   = Número de unidades de transporte en ruta.
Nf   = Tamaño de la flota
n   = Número de vehículos por unidad de transporte.
P   = Volumen Horario de diseño.
p   = Volumen de pasajeros movilizados en la ruta durante una hora.
PKO   = Puestos- Kilómetro ofrecidos en una hora.
PKU   = Puestos- kilómetro utilizados en una hora.
PT   = Potencia de transporte.
PUT   = Potencia utilizada de transporte.
r   = Rendimiento, Grado de utilización ó Grado de ocupación de una ruta.
SMC   = Sección de máxima carga.
T   = Tiempo total o tiempo de ciclo, empleado en el recorrido de la ruta (viaje Redondo) , en   minutos.
To   = Tiempo operacional.
Tt   = Tiempo en terminal.
U   = Unidades por hora.
v   = Velocidad comercial, en kilómetros por hora
Vo   = Velocidad operativa, en kilómetros por hora
VKO   = Vehículos-kilómetro ofrecidos en una hora
Vv   = Viajes por unidad de trasporte.

Referencias Bibliograficas

La terminología y expresiones econométricas utilizadas en este capítulo, son consistentes con:

1. *Molinero, Angel. Transporte Público: Planeación, Diseño, Operación y Administración, Quinta del Agua Ediciones, 2003, México.*
2. *Morales García, Carlos. Rutas de Transporte Urbano. Universidad del Zulia, Facultad de Ingeniería, División de Postgrado, Maracaibo, Venezuela, 1994*

Capítulo V

RUTAS DEL TRANSPORTE URBANO

5. 1   DEFINICION

Para efectos de este capítulo, una ruta de transporte urbano es un camino, calle, avenida o vía arterial que une diferentes lugares geográficos del espacio urbano y que permite a las personas desplazarse de un lugar a otro, haciendo uso de automotores tales como automóviles, buses, monorieles, sistema subterráneo o tranvías, entre otros.

5.2   DATOS REQUERIDOS

Para el análisis, planificación, diseño y evaluación de rutas de transporte urbano los organismos públicos locales, encargados de la regulación y control del transporte colectivo urbano deben disponer de un banco de datos sobre las condiciones de la demanda y de operación de este servicio. Tal inventario es necesario para preparar horarios e itinerarios en diferentes períodos del día, analizar los existentes y planificar operaciones.

En cuanto a la planificación de una ruta de transporte público es necesario tener en cuenta sus componentes: plan de recorrido, frecuencias, horarios, asignación de personal y tamaño de la flota. Algunos autores (Ceder y Wilson, 1989) recomiendan seguir los siguientes pasos:

1. Diseño de la ruta, donde se especifican todos sus recorridos.
2. Determinación de la frecuencia: Conociendo la demanda se decidirá el número de veces que la unidad de transporte pasará por el mismo trayecto.
3. Determinación de horarios: Establecer tablas de horarios para mantener una buena sincronización en el sitio donde se prevee realizar los transbordos (si fuere el caso).
4. Asignación de flota: cantidad de vehículos que se van a asignar para cubrir la ruta.
5. Asignación de personal y de recursos a disposición de esa ruta

Todos estos pasos deben ser tratados simultaneamente para asegurar la interacción y el mejor resultado del Sistema.

5.2.1 Análisis de las condiciones de entorno a la operación vehícular.

El transportista debe conocer con precisión las condiciones de la vía sobre la cual circularán los vehículos de transporte público. Esta información es básica para la determinación del tiempo de operación, del tiempo enterminal y la evaluación de la calidad del servicio.

Tal información incluye:
* Condiciones físicas a lo largo de la ruta:
  * Número de carriles para la circulación vehicular
  * Pendientes de las calles
  * Número de giros a lo largo de la ruta
  * Número de semáforos
  * Número de paradas
  * Tipo de diseño de las paradas (refugios, paradas sobre la vía)
  * Espaciamiento entre paradas
  * Estado del Pavimento
* Condiciones del tránsito a lo largo de la ruta
  * Volumen de tránsito (vehículos particulares y de servicio público)
  * Nivel de congestion
  * Condiciones de estacionamientoen la vía:
  * Otros factores colaterales: zonas de carga/ descarga, pasos y zonas peatonales, etc.
* Tiempos de viaje:
  * Para períodos pico (rango y valor promedio)
  * Para períodos no pico (rango y valor promedio)

5.2.2 Análisis de la demanda de pasajeros

Disponer de datos detallados sobre las características de la demanda, resulta indispensable para analizar las condiciones de operación actual y para planificar operaciones futuas.

Los mismos deben incluir, al menos, los siguientes aspectos:
  * Distribución de la demanda de pasajeros a lo largo de la ruta:
  Cuantificación del ascenso de pasajeros (número de personas que abordan en cada estación o parada).
  Cuantificación del descenso de pasajeros (número de personas que se bajan de la unidad en cada estación o parada).

Localización de la sección de máxima carga (SMC)
Cuantificación de la máxima carga.
➢ Distribución de la demanda por longitud del viaje.
Distribución de los pasajeros por longitud recorrida (Figura 5.1)
➢ Otra información relacionada con la demanda:
Porcentaje de usuarios clasificados como de la tercera edad.
Fechas de eventos locales y/o especiales
Horario de apertura y cierre de comercios, oficinas e industrias
localizadas a lo largo de la ruta.
Volumen de pasajeros que hacen tranferencia en esa ruta.

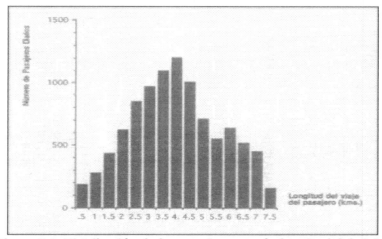

Figura 5.1 Distribución de los pasajeros según longitud del viaje

5.2.3   Datos para Horarios e itinerarios

En el diseño de los horarios e itinerarios el transportista requerirá
hacer uso de la siguiente información, la cual puede ser recolectada en
intervalos regulares:

- Datos de la ruta:
  Longitud (L)
  Tiempo operacional (To)
- Datos sobre los vehículos:
  Capacidad vehicular (c_v)
- Datos sobre la demanda:
  Máxima carga (P)

Fluctuaciones diarias de la demanda para diferentes períodos: 15 minutos pico, por hora.

- Datos sobre el personal de conductores:
Normas laborales y requerimientos relativos a las horas de trabajo, turnos, tiempo en terminal, etc.

5.3 HORARIOS DE RUTAS DE TRANSPORTE PUBLICO

Los datos sobre los intervalos, velocidades, tiempos en terminal y de otros elementos previamente calculados se utilizan para preparar los horarios, los cuales se pueden presentar de dos formas distintas: a) Horario Gráfico, mediante un diagrama "distancia-tiempo" del viaje vehicular, ó, b) Numéricamente, lo que se conoce comunmente como una Tabla de Tiempos.

El horario gráfico se realiza primero, ya que la tabla de tiempos se deduce fácilmente del primero. El diagrama distancia-tiempo (ver figura 5.2) indica el viaje de cada vehículo a lo largo de la ruta y permite establecer el tiempo exacto en que deberá pasar cada vehículo por los diferentes puntos de control a lo largo de la ruta. La distancia entre puntos de control, para un sistema de buses, oscila entre 1 y 5 kilómetros.

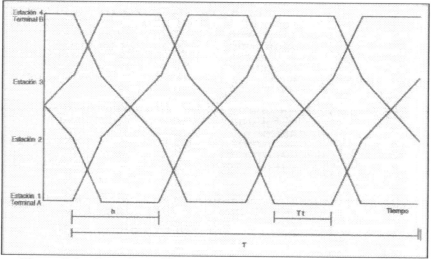

Figura 5.2   Horario Gráfico para una ruta de transporte público

El horario gráfico se prepara para todas las horas de la operación diaria, usualmente en una sola hoja de papel. Cada vehículo en operación, designado por un número secuencial, se representa en el diagrama por una línea en "zig-zag" entre los dos terminales, y la velocidad de operación la determina la pendiente de la línea, en cada sección. Si las velocidades operacionales varían de una sección a otra, la pendiente cambiará en la trayectoria del vehículo, entre un terminal y otro.

El tiempo de parada en las estaciones no se incluye en el diagrama, pero el tiempo en terminal se dibuja con exactitud. Después de que se ha trazado la trayectoria del primer vehículo, la siguiente se dibuja a una distancia equivalente al intervalo entre vehículos. Este procedimiento se repite para todos los vehículos enservicio. Dado que el ciclo es un número entero, múltiplo del intervalo, existirá exactamente un tiempo de ciclo entre la salida del último vehículo y el tiempo de partida para el segundo viaje del primer vehículo.

Para cada vehículo se prepara un horario numérico (tabla de tiempos), con base en los cálculos del horario gráfico. Dado que cada conductor es responsable solamente del tiempo utilizado por su propio vehículo, los horarios para vehículos individuales contienen los tiempos de salida y llegada en cada terminal así como los tiempos en todos los puntos de control a lo largo de la ruta para todos los viajes del día.

Los horarios numéricos que se ponen a disposición del público, generalmente denominados *tablas de tiempo*, contienen todos los tiempos de salida de todas las estaciones (ó paradas) a través del día. Las excepciones son las rutas con pequeños espaciamientos, las cuales no requieren publicar tales horarios. La complejidad de las tablas de tiempo se reduce cuando se utilizan espaciamientos que se mantienen constantes durante el período de servicio y que pueden ser repartidos exactamente en una hora. De esta forma, grandes períodos pueden representarse por un solo conjunto de gráficos. (Ver ejemplo en la figura 5.3).

En la operación de sistemas de transporte público resultan de especial importancia el detalle y cuidado en el cálculo y presentación de los horarios, ya que éstos afectan la eficiencia y economía dela operación, la regularidad y rendimiento del servicio y la facilidad con la cual el público pueda usarlos.

LUNES A VIERNES											
SENTIDO SUR - NORTE						SENTIDO NORTE - SUR					
1	2	3	4	5	6 Paradas	6	5	4	3	2	1 Paradas
Período Matutino						Período Matutino					
6:01	6:18	6:33	6:38	6:41	6:45	6:35	6:43	6:50	6:57	7:07	7:12
6:16	6:24	6:40	6:46	6:55	7:02	6:43	6:51	6:57	7:03	7:10	7:19
6:24	6:31	6:41	6:47	6:53	7:19	6:47	6:57	7:04	7:08	7:10	7:21
6:29	6:37	6:46	6:54	6:59	7:29	6:53	7:02	7:09	7:14	7:15	7:26
Período Vespertino						Período Vespertino					
1:37	1:46	1:54	1:59	2:01	2:09	2:03	2:17	2:19	2:21	2:26	2:38
1:45	1:55	2:01	2:05	2:09	2:19	2:08	2:19	2:27	2:30	2:33	2:45
1:52	2:03	2:09	2:12	2:16	2:24	2:18	2:27	2:35	2:38	2:42	2:54
2:00	2:10	2:18	2:20	2:24	2:34	2:25	2:33	2:47	2:50	2:55	3:07

Figura 5.3   Ejemplo de tabla de tiempos

Referencias Bibliograficas

Los conceptos, definiciones y términos utilizados en este capítulo, son consistentes con:

1. Morales García, Carlos. *Rutas de Transporte Urbano. Universidad del Zulia, Facultad de Ingeniería, División de Postgrado, Maracaibo, Venezuela, 1994*

Capítulo VI

PLANIFICACION DE RUTAS DEL TRANSPORTE URBANO ESTUDIO DE CASOS

6.0   PRESENTACION

Con el deseo de facilitar una simbiosis entre la teoría y la práctica, en este capítulo se presentan nueve casos de estudio sobre aspectos de planificación de rutas en el transporte público urbano que buscan, de manera vivencial, permitirle al lector la debida comprensión y homologación, para orientarlo sobre la resolución de problemas tomados de la vida real.

Con el fín de mantener la universalidad y la actualización de algunos valores referenciales, los costos que se mencionan en cada ejercicio han sido expresados en simples unidades monetarias (U.M.)

6.1   CASO No. 1

Un vecindario (barrio o urbanización) periférico de una ciudad presenta significativos problemas de transporte, pues dispone de una sola calle de acceso, a través de la cual se enlaza con la red vial de la ciudad y la misma se convierte en cuello de botella para el tránsito que en el período punta de la mañana se dirige hacia el centro de la ciudad.

Durante este período pico, que comprende tres horas, desde las 6:30 a las 9:30 a.m., la única ruta de autobuses que comunica el barrio con la ciuidad tiene en funcionamiento 20 autobuses, los cuales logran una velocidad comercial de 15 kph. y realizan un viaje redondo (ida y vuelta) en 40 minutos. La capacidad de estos autobuses es de 80 pasajeros y los recogen en varias paradas, transladándolos hasta el centro de la ciudad. La ocupación media de estos autobuses en el período pico es de 80% en el sentido del barrio hacia la ciudad y del 10% en sentido contrario.

Por conteos realizados en el sector durante las tres horas citadas, se determinó el número de vehículos privados que entran y salen del vecindario. Se obtuvo, respectivamente, 360 y 1800 vehículos, repartidos homogéneamente en el período de estudio y una ocupación media de 1.5 personas por vehículo.

Con base en lo anterior, se pide:

6.1.1.1 Determinar la tarifa necesaria para equilibrar la prestación económica del servicio de la ruta de autobuses en el período pico, teniendo encuenta que el costo del vehículo/km. ofrecido es de 36 U.M.

6.1.1.2 Explicar todas las modificaciones que sería necesario efectuar en la explotación de la ruta si se prohibe la circulación de vehículos privados, pasando todos los pasajeros al transporte público. Se supone que la velocidad comercial de los autobuses aumentaría a 25 kph., no pudiendo empeorarse el grado de ocupación.

6.1.1.3 Calcular la nueva tarifa de equilibrio si se mantiene el costo del vehículo-km. ofrecido.

6.1.1.4 Señalar las ventajas y desventajas para los antiguos usuarios del autobus al pasar a la nueva situación.

SOLUCION

6.1.1.1 Oferta de autobuses en la ruta

N = 20 autobuses, v = 15 kph., T = 40 mín.

I = T/N = 40 / 20 = 2 minutos entre autobuses.

Longitud de la ruta, según ecuación 4.14: L = v*N* I /120; L = 15* 20* 2 /120 = 5 kms.

Con estos datos puede determinarse la oferta horaria, en vehículos-kilómetro:

VKO = (120* N*n* L) / T = (120*20*1*5)/40 = 300 vehículos-kilómetro

El costo total a 36 UM/ veh-km, será: 300 * 36 = 10,800 UM/hora.

Pasajeros en la ruta de autobuses en una hora:

Número de buses/ hora, según ecuación 4.3: f =60/I = 60/2 = 30 autobuses/hora.

Dado que la capacidad de cada autobues es de 80 pasajeros y los grados de ocupación, según el sentido de ciruclación, son : 0.80 y 0.10, se tendrá:

Pasajeros/ hora que salen: 30*80*0.80 = 1,920

Pasajeros/ hora que entran: 30*80*0.10 =   240

El total de pasajeros transportados en la ruta, en una hora será: 1,9020 + 240 = 2,160

La tarifa de equilibrio = Costo / No. de pasajeros = (10,800 UM/ hora) / (2,160 pasajeros / hora) = 5 Unidades Monetarias/ pasajero.

Si se llegáse a conocer el recorrido exacto de cada pasajero, se podría calcular una tarifa por kilómetro.

6.1.1.2 Considerando el número de pasajeros en automóvil que actualmente entran y salen del vecindario por hora, y que pasarían al transporte público, se tiene:

> Salida: (1/3) horas * 1800 vehículos *1.5 pasajeros/ veh. = 900 pasajeros/ hora
> Entrada:(1/3) horas * 360 vehículos * 1.5 pasajeros/veh. =180 pasajeros/ hora

Para redimensionar la ruta de autobuses ante la nueva situación, se tomará en cuenta el sentido de mayor carga de pasajeros, es decir, el de salida.

Nueva demanda de pasajeros en el sentido de salida del vecindario: 1,920 pasajeros existentes en la ruta + 900 pasajeros transferidos del vehículo particular = 2,820 pasajeros/ hora.

Dado que el grado de ocupación de los autobuses no debe superar el 80%, la capacidad a ofrecer,será como mínimo:
C = 2,820 /0.80 = 3,325 pasajeros/ hora

Como se produce una variación en la velocidad comercial de los autobuses (25kph), la cantidad necesaria de unidades vehiculares de transporte público que permita atender esta nueva capacidad será ahora:

Si L = 5 kms. y   c= 80 pasajeros, entonces : N = C * 2L / (C*v') = 3,525 * 10 / (80 *25) = 17.6 autobuses, es decir, N = 18 autobuses.
Este nuevo número de unidades permitirá retirar del servicio dos (2) autobuses.

El nuevo intervalo será: I = 120* L / v'* N = 120* 5 / 25*18 = 1.33 minutos y el tiempo de viaje redondo: T' = N'* I' = 18 * 1.33 = 24 minutos.

Nota: Ocurre frecuentemente, como se puede ver en este caso, que el número de unidades vehiculares calculado no es un número entero. A este resultado se le conoce como "Dilema del Planificador".
Si por ejemplo, el tiempo del ciclo es = 72 minutos y el Intervalo = 11, el Número de autobuses en servicio sería = 72/11= 6.5
La solución final tiene tres posibilidades:
   a. Agregar tiempo adicional de terminal: Autobuses en servicio = (72 min + 5 min) / 11 = 7
   b. Reducir el tamaño del intervalo: Autobuses en servicio = 72/9 = 8
   c. "Estirar" el intervalo" : Autobuses en servicio = 72 /12 = 6

6.1.1.3 Nueva oferta:

VKO' = 120N'*L/ T' = 120 * 18 * 5 / 24 = 450 veh-km/ hora.

Costo = 450 veh-km/hora * 36 UM = 16,200 Unidades Monetarias/ hora

La cantidad de pasajeros en la ruta en una hora será:

    a.   Saliendo : 2,820 pasajeros / hora

    b.   Entrando: 240 pasajeros existentes / hora en el autobus + 180 inducidos = 420 pasajeros/ hora.

    c.   Total de pasajeros: 2,820 + 420 = 3,240 pasajeros/ hora

Nueva tarifa de equilibrio = Costo / Cantidad de pasajeros/hora = 16,200 UM / 3,240 pasajeros/hora = 5 Unidades Monetarias/ pasajero. (La tarifa de equilibrio no cambia).

6.1.1.4 Ventajas y desventajas de la nueva situación:

    a.   Al reducir el intervalo de 2 minutos a 1.33 minutos, el tiempo medio de espera, que es la mitad del intervalo, también se reduce,pasando de un minute a 40 segundos.

    b.   Al aumentar la velocidad commercial de 15 kph a 25 kph., el tiempo de viaje se reduce en la misma proporción (66%).

    c.   Al tener que circular 18 unidades autobuseras en lugar de 20, la ocupación media se reduce ligeramente en el sentido de la salida, lo que es beneficioso para los pasajeros. En el sentido de la llegada se obtiene un valor de ocupación ligeramente superior al 10%, lo que supone un empeoramiento, pero imperceptible en este nivel de servicio.

No se observan otros inconvenientes, ya que la tarifa no cambia.

Como análisis crítico al enunciado de este caso en estudio conviene destacar lo siguiente:

- El mantener constante el costo del vehículo-kilómetro en 36 U.M., refleja una situación irrealista, pues este costo tiene como componente principal el rubro de personal y éste debería disminuir por vehículo-kilómetro, ya que al lograrse una mayor velocidad comercial, un vehículo-kilómetro se produce en menor tiempo.

- Si el nuevo costo del vehículo-kilómetro fuse menor, la nueva tarifa de equilibrio también lo sería. Constituyendo una ventaja adicional para la eliminación del uso de los vehículos particulares.

    Todo esto contribuye a resaltar el sentido demsotrativo que el problema propuesto trae consigo.

6.2   CASO No. 2

Una ruta de microbuses coincide, parcialmente, con otra de autobuses como se muestra en el esquema 9 (ver Fig. 6.1):

Figura 6.1

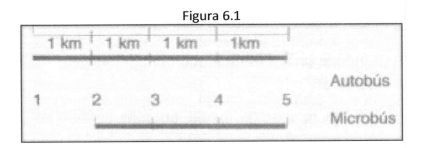

Se conocen las matrices de orígen y destino de ambos sistemas en la hora punta y en el sentido de circulación con mayor carga, que es el que define la prestación del servicio (ver Tabla 6.1):

Tabla 6.1

Autobus O/D	1	2	3	4	5		Microbus O/D	2	3	4	5
1	-	0	300	100	150		2	-	0	150	150
2		-	0	850	300		3		-	0	90
3			-	0	510		4			-	0
4				-	0		5				-
5					-						

La prestación de los servicios se concreta en los siguientes valores (Ver Tabla 6.2):

Tabla 6.2

	Autobus	Microbus
N	10	6
c	80	20
v	20 kph.	20 kph
Tarifa	6 UM	11 UM
Asientos/ veh.	20	20
UM = unidades monetarias		

Con los datos anteriores, se pide:

6.2.2.1 Calcular cuántos pasajeros de los que abordan el autobus en la parade 2, podrán sentarse.

6.2.2.2 Calcular el valor que asignan los pasajeros a la comodidad de ir sentados, utilizando la curva de distribución entre modos que se incluye en este texto, comprobando si este valor depende o no de la longitud del viaje. En este caso es necesario considerar que el viaja de pié produce para los pasajeros un costo que no se presenta para los que viajan sentados (^). El valor que asignan los pasajeros al tiempo de viaje, determinado en otros estudios, es de 60 UM/hora.

6.2.2.3 Calcular el número de microbuses que hay que incorporar al servicio en la hora punta, si la tarifa del autobus se incrementara en 8 U.M., sin aumentar la del Microbus.

(^) En la curva de distribución entre modos, Figura 6.2 de la página siguiente, debe tomarse el microbus como nuevo Sistema.

SOLUCION

6.2.2.1 La oferta de la ruta de autobuses (capacidad de la ruta) está dada por la Ecuación (4.5):

Para   N= 10 autobuses
          n= 1
          c = 80 pasajeros
          v = 20 kph.
          L = 4 kms.

Se tiene:

$$C = N*n*c*v / (2L) = 10* 1 * 80 * 20 / (2* 4) = 2,000 \text{ pasajeros/ hora}$$

El número de asientos por autobus es de 20, es decir, la cuarta parte de su capacidad total. Por tanto, la oferta de puestos corresponde a una capacidad de 500 pasajeros sentados / hora.

Figura 6.2

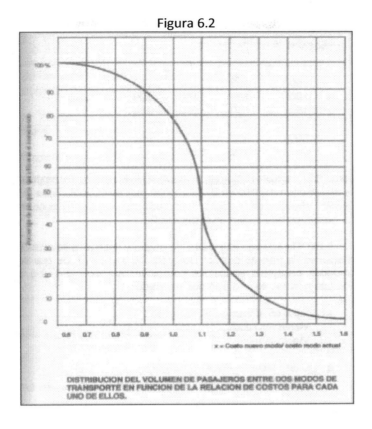

DISTRIBUCION DEL VOLUMEN DE PASAJEROS ENTRE DOS MODOS DE TRANSPORTE EN FUNCION DE LA RELACION DE COSTOS PARA CADA UNO DE ELLOS.

La demanda de viajes en autobus, asignada a la ruta en la correspondiente matriz Origen-Destino (O-D) es:

1	2	3	4	5
300	300	100	150	
100	100	150	300	
150	150	850	510	
	850	300		
550	300	510	960	
	1.700	1.910		

Como 550 pasajeros abordan el autobus en la parada 1 y ninguno de ellos tiene destino en 2, se supone que se ocupan todos los asientos ofrecidos en la parada 1, no pudiendo sentarse pasajero alguno que suba en la parada 2.

6.2.2.2 De acuerdo a la matriz de origen y destino, solo existen relaciones de tránsito o recorridos para los tramos en los que se producen pasajeros en los dos medios de transporte: 2-4, 2-5 y 3-5. Las mismas se analizan por separado.

a) Viajes en el tramo 2-4. Longitud 2 kms.
   Viajes en microbus: 150   (15%)
   Viajes en autobus: 850   (85%)

   Costos en el sistema nuevo (microbus) = 1.21   (Valor obtenido de la curva de distribución entre modos, Figura 6.2.1, para P = 15 %)

   Costos en el sistema actual (autobus):
   Estos costos se componen de los siguientes sumandos: tarifa, valor del tiempo de viaje e incomodidad de viajar de pie, según el caso. Esta incomodidad solo afecta a los usuarios del autobus, en el cual algunos viajan parados, mientras que los usuarios del microbus siempre viajan sentados (en este caso). Se espera que esto ocurra en el nuevo servicio por efecto de mayores tarifas asignadas al microbus.

   Por tanto, $g = \{11\ UM + L * [(60\ UM/ hora) / 20\ kph]\} / (6\ UM/L * 60/20 + incomodidad) = 1.21$
   Siendo L la longitud del viaje, que para este ejercicio es de 2 kms.

   Despejando se tiene: Incomodidad = 2 UM

b) Viajes en el tramo 2-5. Longitud: 3 kms.
   Viajes en microbus: 150 (33.33%)
   Viajes en bus   : 300 (66.67%)
   $g = 1.11$ (Valor obtenido de la curva de distribución entre modos, Figura 6.2.1, para P = 33.33%)
   $g = 1.11 = \{11+3* (60/20)\} / \{6+3 * (60/20) + Incomodidad\}$
   Incomodidad = 3 U M.

c) Viajes en el tramo 3-5. Longitud 2 kms.
   Viajes en microbus: 90 (15%)
   Viajes en autobus: 510 (85%)

Se repiten en este caso los mismos valores de a) y el costo de la incomodidad vuelve a ser: 2 UM.

Se compueba, por tanto, que este costo depende de la longitud del viaje y vale, en este caso, 1 UM/ km.   Según la velocidad de los vehículos, su valor final será 20 UM/ hora.

Para demostrar que la oferta del microbus satisface la demanda y, por tanto, todos sus usuarios viajan sentados, se procede de la siguiente forma:
N' = 6 microbuses
n' = 1
cv' = 20 pasajeros
v' = 20 kph
L' = 3 kms.

C = N' * n' * cv' * v / 2L
C = 6* 1* 20 * 20/6
C = 400 pasajeros/ hora

Demanda, asignando la matriz O-D a la ruta:

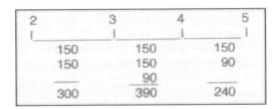

Máxima intensidad: 390 pasajeros / hora < 400 (oferta)

6.2.2.3 Al aumentar la tarifa del autobus habrá una desviación de pasajeros de un modo a otro, excepto aquellos con origen ela pasada 1, que no tienen opción de cambio. Afecta, por tanto, la desviación a las mismas relaciones de tránsito analizadas anteriormente.

a) Viajes de 2 kilómetros (2-4 y 3-5) :
Nueva relación de costos: g' = {11+ 2 * 60/20} / 8+ 2 * 60/20 + 3 = 1.0625
=> P = 40% (Ver figura 6.2.1)

b) Viajes de 3 kms. (2-5):

$$g= \{11 + 3 * 60/20\} / 8+ 3* 60/20 + 3 = 1$$
$$=> P = 50\% \text{ (Ver figura 6.2.1)}$$

Aplicando estos nuevos porcentajes de distribución entre modos al total de pasajeros entre cada par de orígenes y destinos afectados por el cambio:

```
Viaje 2 - 4      Total  1.000   Microbús,  400 pasajeros
Viaje 2 - 5      Total    450   Microbús,  225 pasajeros
Viaje 3 - 5      Total    600   Microbús,  240 pasajeros

        Asignando la nueva matriz O-D del Microbús:

        2              3              4              5
        |              |              |              |

             400            400            225
    --->     225            225            240
             240
             625            865            465
        Máxima intensidad: 865 pasajeros / hora
```

Número de microbuses necesarios:
N' = C'' * 2L / (n'*cv' * v) = 865 * 6 / (1* 20* 20) = 12.9 => 13 microbuses.
Como se dispone de 6 miscrobuses, habrá que agregar otros 7 al servicio.

6.3   CASO No. 3

A la parada terminal de una ruta de autobuses llegan P pasajeros en la hora punta, distribuidos uniformemente durante este período, para ser trasladados al Centro de la Ciudad (BCD) sin parasas intermedias. La distancia entre los puntos terminales es de L kms.
Los costos involucrados en el funcionamiento de la ruta son los siguientes:
Ce = Costos de explotación del autobus (UM /hora-bus), independientes del tipo de autobus utilizado.
Cc = Costos de capital del autobus (UM /hora-bus), que dependen de su capacidad en la forma:
Cc = α + β Cv, donde α y β son parámetros: α en UM /hora-bus; β en UM / hora-puesto y Cv = capacidad del autobus , en puestos/ bus
Ct = Valor del tiempo del pasajero medio (UM /persona-hora).

Se pide:
   6.3.1   Determinar la expresión paramétrica que defina la capacidad óptima del autobus (un valor Cv'), minimizando los costos

totales, sabiendo que todos los autobuses alcanzan la misma velocidad commercial y teniendo en cuenta el tiempo de espera en las paradas.

6.3.2 Aplicar la expresión anterior al cálculo de la capacidad óptima en el siguiente caso concreto:

Longitud de la ruta = 6 kms.   p = 300 pasajeros/hora
V = 30 kms./hora   Ce = 900 UM/ hora-bus
A = 100 UM/ hora- bus   β = 25 UM/ hora-puesto

6.3.3 Calcular el número de autobuses de esa capacidad, necesrios para prestar el servicio.

SOLUCION:

6.3.1 El problema se reduce a obtener una expresión matemática de costos totales (explotación, capital y tuiempo de los pasajeros) en función de los parámetros conocidos y de la variable c, capacidad de los autobuses, que permita derivar tal expresión con respecto a dicha variable.

La relación entre la capacidad de los autobuses y el número de pasajeros que han de abordar los autobuses en la terminal: p, es: $Cv = p/U = p *I/60$

Al despejar el Intervalo se obtiene: $I = 60* c/p$, valor necesario en los cálculos posteriores. Nótese como "p" coincide en este caso con el concepto de capacidad en la ruta.

Costos por hora:

a) Costos de explotación: $N* Ce$; siendo N = número de autobuses en la ruta.

b) Costos de capital: $N* (\alpha + \beta * c)$

c) Costos de tiempo de los pasajeros:
   Tiempo de espera por pasajero: $I/2$ mínimo
   Tiempo de viaje por pasajero: L/v horas
   $Ct = 150$ UM/ personas-hora

   Tiempo total de viaje: $\{I/120 + L/v\}$ en horas/ pasajero

   Costo del tiempo total de viaje de los p pasajeros:
   $Ct [I/120 + L/v] p$
   Una primera expresión para los costos totales será:
   $Ct = N (Ce + \alpha + \beta * c) + Ct [I/120+ L/v] p$

Nótese que esta última expresión, tanto N como I dependen de c; $N=120 * L/v*I$; $I=60*c/p$, como se vió al principio, con lo cual $N = 2Lp/v*c$.

Susutituyendo:
$CT = 2*L* p/ v*c (Ce + \alpha + \beta*c) + Ct[c/2p + L/v]p$
$CT = 2*L* p (Ce + \alpha) / v* c + 2*L*p*\beta/v + Ct*c/2+Ct*L*p/v$

Minimizando esta expresión (derivando con respecto a c): $\alpha*CT/\alpha*c = - 2L*p(Ce+ \alpha) v*c^2 + Ct/2$

Despejando c, se obtiene: $C = 2 \sqrt{[L*p(Ce + \alpha) / v*Ct]}$

El sumando de la expresión de costos correspondiente al tiempo de viaje (no así el tiempo de espera) no depende de la capacidad de los autobuses, al tener en cualquier caso la misma velocidad comercial, pudiéndose haber eliminado desde un principio.

6.3.2   Se sustituyen en la expresión anteriormente calculada, los datos concretos correspondientes: $C = 2 \sqrt{[6*300(900 + 100) / 30*150]} =40$ viajes

Comprobación de la homogeneidad dimensional:
$Pasajeros^2$=Kilómetros*pasajero/hora*UnidadesMonetarias/hora/ (kilómetro/hora * Unidades Monetarias/ pasajero-hora).

6.3.3   Por último: $N=2*L*c/v*c= 2 * 6 * 300 / 30* 40 = 3$ autobuses.

6.4   Caso No. 4

En una determinada ciudad, zonificada en cuatro sectores, se decide implantar una ruta de transporte, con trazado circular y con dos sentidos de circulación.
Los datos socio-económicos correspondientes a los cuatro sectores se indican en la tabla siguiente:

Sector	Densidad de población	Puestos de trabajo	Nivel de ingreso (UM/mes)
A	400 habitantes/ Hectárea	100 por hectárea	50,000
B	500 "	100 "	40,000
C	300 "	200 "	30,000
D	200 "	200 "	30,000

UM = Unidades Monetarias

La ruta tendrá una longitud de 8.5 kilómetros., correspondientes a un radio de valor R= 1,352 metros. En ella existirán cuatro paradas denominadas en el esquema por los números 1,2,3,4. La distancia entre estaciones será la siguiente:

Estaciones	Distancia (m)
1-2	1,500
2-3	2,000
3-4	2,000
4-1	3,000
1-3	3,500
2-4	4,000

La zona de influencia de cada parada se supone que es un círculo de 1 km^2 de superficie, equivalente a un radio de acción de 564 metros.

Las ecuaciones de generación y atracción de viajes en la hora de máxima demanda, calculadas en estudios anteriores, son las siguientes: $G_1 = 0.1$ P^2i/Ni; $Aj = 0.23 Tj$

Siendo:

Pi = Población afectada por la parada "i"; (Pi = densidad i * Area de influencia "i")

Ni = Nivel de ingreso de la población afectada por la parada "i"

Tj = Puestos de trabajo en la zona afectada por la parada "j"

Gi = Pasajeros generados en la hora de máxima demanda por la parada "i"

Ai = Pasajeros atraídos en la hora punta por la parada "j"

Una formula de distribución a utilizar puede expresarse como: $Vij = 0.05$ $(GiAj) / f(d_{ij})$ (Modelo de Gravedad).

La función de fricción $f(d_{ij})$ se indica en la table siguiente, siendo d_{ij} la distancia entre paradas.

Tramos	d_{ij}	$f(d_{ij})$
1-2, (2-1)	1,550 m	350
2-3, (3-2), 3-4 , (4-3)	2,000 m	400
	2,500 m	450
4-1, (1-4)	3,000 m	500
1-3, (3-1)	3,500 m	1200
2-4, (4-2)	4,000 m	1500
	4,500 m	1800
	5,000 m	2000

Las características de los cuatro sistemas de transporte a estudiar, son las siguientes:

	Metro	Monoriel	Autobus articulado	Tranvía
Velocidad comercial	35	30	15	20
Capacidad por vehiculo	180	150	140	100
Vehiculos por unidad	4	2	1	1
Intervalo (en minutos)	2	2	2:30	2:30

Gastos anuales (G) en miles de Unidades Monetarias por km. de red vial (G= k+D)

Metro	G = 24,000 + D
Monoriel	G = 15,000 + 1.2 D
Autobus articulado	G = 2,000 + 2.6 D
Tranvía	G = 5,000 + 2.3 D

Siendo D = Máximo volumen de viajes / hora previsto en un tramo

Número de pasajeros en un día promedio = 12 * # de pasajeros en la hora punta.
Número depasajeros al año = 330 * Número de pasajeros en un día promedio
Salario horario medio = 2,50 Unidades Monetarias
Valor de la hora de viaje = ½ Salario horario medio.
Con base en lo anterior, se pide:

1. Calcular los viajes generados y atraídos por cada parada en la hora punta.

2. Establecer la matriz de origen- destino, determinando el máximo error cometido al utilizar el anterior modelo de distribución.
3. Establecer el número de pasajeros por hora en cada tramo y sentido.
4. Cantidad de puestos por kilómetro, demandada en toda la ruta, durante la hora punta.
5. Elegir el sistema de transporte que ocasione el mínimo de gastos a la empresa transportista, pudiendo al mismo tiempo satisfacer toda la demanda.
6. Una vez seleccionado el sistema de transporte, calcular el número de unidades que han de circular en el sentido de la máxima carga , de forma tal que el grado de ocupación no supere el 80%, en ningún caso.
7. Determinar el Intervalo entre unidades, en sentido de la máxima carga.
8. Si en el otro sentido se ofrece el mismo servicio, calcular en la hora punta, el coeficiente de utilización de toda la ruta.
9. Determinar el recorrido medio del total de pasajeros.
10. Si en lugar de los costos de la empresa, se considera el costo generalizado (costos de la empresa más costos del tiempo perdido por los pasajeros), estaría justificada la implantación de un sistema Metro, dada su mayor velocidad comercial?

SOLUCION

6.4.1   Se trata de aplicar los modelos de generación y atracción de viajes en la hora de máxima demanda, citados en el enunciado de de este ejercicio. Zona de influencia de cada arada: 1 km^2 = 100 hectáreas.

Aplicando directamente los datos del enunciado:

G1 = 0.1 (400 hab/ha * 100 ha/ km^2)^2 / 50,000 = 3.200 viajes/hora.
G2 = 0.1 (500 * 100)^2 / 40,000 = 6.250 viajes/ hora
G3 = 0.1 (300 * 100)^2 / 30,000 = 3.000 viajes/ hora
G4 = 0.1 (200 * 100)^2 / 30,000 = 1.333 viajes/ hora
El total de viajes generados por la ruta, según este modelo, será:

$$\Sigma G'i = 13.783 \text{ viajes / hora}$$

Viajes atraídos:

A1 = 0.23 * 100 puestos/ ha. * 100 ha/ km2 = 2,300 viajes/hora
A2 = 0.23 * 100 * 100 = 2.300 viajes / hora
A3 = 0.23 * 200 * 100 = 4.600 viajes/ hora
A4 = 0.23 * 200 * 100 = 4.600 viajes / hora

El total de viajes atraídos en la hora punta por las cuatro paradas de la ruta según el modelo de atracción, será: $\Sigma A'j = 13.800$ viajes/ hora

Como es de esperarse, el número de viajes atraídos debe ser igual al de viajes generados. Sinembargo, aqui aparece una pequeña diferencia, como consecuencia del imperfecto calibrado de los modelos.

6.4.2   Con la aplicación de los modelos de generación y atracción se logra conocer solamente la suma de los valores de las filas y de las columnas de la matriz de origen y destino, pero no los elementos de la misma. Para ello es necesario aplicar el modelo de distribución, que en este caso es el de Gravedad.

Siguiendo la formulación del enunciado, con los valores de la función de fricción $f(d_{ij})$, dados en el mismo, se tiene:

$V_{12} = 0.05 (G1 * A2)/ f(d_{12}) = \{0.05 (3200 * 2300) \}/ 350 = 1.051$ viajes / hora

$V_{13} = 0.05 (G1 * A3)/ f(d_{13}) = $ $= 613$ viajes / hora

$V14 = 0.05 (G1 * A4)/ f(d_{14}) = $ $= 1,472$ viajes/ hora

Es de hacer notar que al existir dos sentidos de circulación en la ruta, los pasajeros tomarán el camino mas corto, circulando de 1 a 4, en sentido inverso a las agujas del reloj, siendo entonces, $d_{14} = 3,000m$ y $f(d_{14}) = 500$

$V_{21} = 0.05 * G_2 * A_1/ f(d_{21}) = $ 2,053 viajes/hora
$V_{23} = 0.05 * G_2 * A_3/ f(d_{23}) = $ 3,594 viajes/ hora
$V_{24} = 0.05 * G_2 * A_4/f(d_{24}) = $ 958 viajes /hora
$V_{31} = 0.05 * G_3 * A_1/f(d_{31}) = $ 287 viajes/hora
$V_{32} = 0.05 * G_3 * A_2/f(d_{32}) = $ 862 viajes/ hora
$V_{34} = 0.05 * G_3 * A_4/ f(d_{34}) = $ 1,725 viajes/hora
$V_{41} = 0.05 * G_4 * A_1/f(d_{41}) = $ 307 viajes/hora
$V_{42} = 0.05 * G_4 * A_2/f(d_{42}) = $ 102 viajes/hora
$V_{43} = 0.05 * G_4 * A_3/f(d_{43}) = $ 766 viajes/ hora

Si expresamos esos valores en forma matricial, tenemos:

O/D	1	2	3	4	Σ
1	----	1,051	613	1,472	3,136
2	2,053	---	3,594	958	6,605
3	287	862	---	1,725	2,874
4	307	102	766	---	1,175
Σ	2,647	2,015	4,973	4,155	13,790

La suma de filas y columnas representa los viajes generados y atraídos por cada parada y debería de coincidir con los calculados en el apartado 1, si el modelo de distribución fuese exacto.

$G'1 = 1,051 + 613 + 1,472 = 3,136$ viajes/ hora
$G'2 = 2,053 + 3,594 + 958 = 6,605$ viajes/ hora
$G'3 = 287 + 862 + 1,725 = 2,874$ viajes/ hora
$G'4 = 307 + 102 + 766 = 1,175$ viajes/ hora
$\Sigma\, G'l = 13,790$ viajes/hora

$A'1 = 2,053 + 287 =+ 307 = 2,647$ viajes/ hora
$A'2 = 1,051 + 862 + 102 = 2,015$ viajes/ hora
$A'3 = 613 + 3,594 + 766 = 4,973$ viajes/ hora
$A'4 = 1,472 + 958 + 1,725 + 4,155$ viajes/ hora
$\Sigma\, A'j = 13,790$ viajes / hora

Al comparar los valores de Gi con G'i y de Aj con A'j se verifica que el máximo error relative que se comete es: $(A1 - A'1) / A1 = (2.647 - 2.300) / 2.300 = 0.1504$ (15.04%)

Los otros errores son inferiores, lo que define el modelo de distribución como suficientemente ajustado.

6.4.3   Para calcular el número de viajes en cada tramop de la ruta es necesario asignar a la misma todos los elementos de la matriz de origen y destino. Este proceso puede realizarse sobre un esquema de la ruta, colocando el valor de cada element de la matriz en cada uno de los tramos que componen su recorrido.

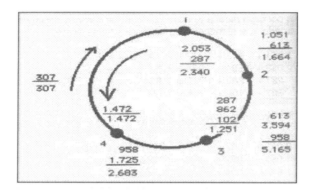

6.4.4   Los puestos –kilómetro recorridos serán el total de los productos de los volúmenes de viajes en cada tramo por las longitudes de los mismos:

Tramo 1-2   (1,664 + 2,340) * 1.5 =   6,006 puestos-kilómetro

Tramo 2-3   (5,165 + 1,251) * 2   =   12,832 puestos-kilómetro

Tramo 3-4   (2,683 + 868) * 2   =   7,102 puestos-kilómetro

Tramo 4-1   (207 + 1,472) * 3   =   5,337 puestos-kilómetro

Total (PKU):   31,277 puestos-kilómetro

6.4.5   Del apartado 3 se sabe que el volumen máximo de viajes (demanda actual en un tramo y sentido) es de 5,165 viajes / hora en el tramo 2-3. Se hace necesario determinar cuáles de los sistemas de transporte de transporte pueden satisfacer esta demanda, es decir, cuales tienen una capacidad de transporte superior a ese valor.

Utilizando la ecuación 4.6: $C = 60 * N * n * Cv/T$, la capacidad máxima se obtendrá para el intervalo mínimo entre unidades. Para cada Sistema, las máximas capacidades que pueden ofrecer serán:

Metro $C = 60 * 4 * 180 /2$ = 21,600 pasajeros / hora
Monoriel $C = 60 * 2 * 150 / 2$ = 9,000 pasajeros/ hora
Autobus $C = 60 * 1 * 140 / 2.5$ = 3,360 pasajeros / hora
Tranvía $C = 60 * 1 * 100 /2.5$ = 2,400 pasajeros / hora

De los valores anteriores puede inferirse que el Metro y el Monoriel pueden satisfacer la demanda actual (D): 5, 165 pasajeros / hora.

Debemos preguntarnos: Cuál de los dos sistemas anteriores ocasionará el mínimo de gastos?

$$G = k + D \qquad (D= 5,165)$$

Metro: $G = 24,000 + D$ $= 29,165$ miles de U.M./ km de red
Monoriel: $G = 15,000 + 1.2\ D$ $= 21,198$ miles de U.M./ km de red
En consecuencia, el sistema a elegir será el Monoriel.

6.4.6   El sentido de máxima carga es el que corresponde al movimiento de las agujas del reloj.

Capacidad a ofrecer:

C = Volumen máximo de pasajeros/ grado de ocupación= $5,165 / 0.80 = 6,457$ puestos/ hora.

Número de unidades necesarias: $N = C * 2L/ n*Cv*v = 6,456 * 8.5 / (\ 2* 150*30) = 6$ unidades.

Comentario: Una ruta circular con dos sentidos de circulación puede analizarse como si se tratara de dos rutas independientes, ya que las unidades que circulan en un sentido no interfieren con las otras, pudiéndose incluso, ofrecer capacidades diferentes en cada sentido.

En el caso de este ejercicio y analizando un solo sentido de circulación, 2 L ha representado la longitud de la circunferencia, es decir, 8.5 kilómetros. En consecuencia, existirá diferencia con una ruta no circular.

6.4.7   La longitud del intervalo se obtiene por simple aplicación de la ecuación $I = 60 * 2L / (v* N)$
$= 60 * 8.5 / (\ 30* 6)\ ) = 2.83$ minutos

Nótese que este valor es superior a 2 minutos, intervalo mínimo para este Sistema.

6.4.8   Los puestos –kilómetro ofrecidos (PKO) se determinan haciendo uso de la ecuación $PKO = N * n * Cv* v$. Si se tiene en cuenta que los puestos kilómetro utilizados (PKU) fueron calculados en apartado anterior, se aplica la mencionads ecuación:

Los puestos- kilómetro ofrecidos, por sentido, serán: PKO = = N * n * Cv* v = 6 * 2 * 150 * 30 = 54,000

Para toda la ruta, los PKO serán : 2 * 54,000 = 108,000

Los puestos kilómetro utilizados son (Ver numeral 6.4.4): 31,277

r = PKU / PKO = 31,277 / 108,000 = 0.2896

r = 28.96%

6.4.9   El recorrido medio se establece dividiendo el total de puestos-kilómetro utilizados entre el número total de pasajeros en la ruta. Recorrido medio = 31,277 / 13,790 = 2.27 kilómetros

6.4.10   Como el Metro dispone de una mayor velocidad comercial, el tiempo de viaje en este Sistema es menor que en el Monoriel. Cuánto representa ese ahorro para los pasajeros?

Tiempo de viaje promedio en Metro :

2.27 kilómetros / 30 kilómetros = 0.076 horas = 4.53 minutos

Tiempo en Monoriel :

2.27 kilómetros / 35 kilómetros = 3.88 minutos

Ahorro para el pasajero = 4.5 minutos − 3.88 minutos = 0.65 minutos/pasajero

El ahorro de horas de viaje al año, con base en los coeficientes mencionados en el enunciado, será:

0.65 minutos/ pasajero * 1/ 60 horas/minuto * 13,790 pasajeros/ hora * 12 horas/ día * 330 días/año = 592,000 horas/ año.

Valorando la hora en 25 Unidades Monetarias, el ahorro será de 592,000 * 25 = 14,800,000 Unidades Monetarias.

En el apartado 6.4.5 se realizó el cálculo de los gastos anuales y por kilómetro de red para la empresa, en los casos del Metro y del Monoriel.

La diferencia por kilómetro de red es: Gastos del Metro – Gastos del Monoriel = 29,165 – 21,198 = 7,967 miles de U.M./hora.   Para la ruta completa: 7,967 UM/ km * 8.5 kms. = 67,720,000 U.M.

Como puede observarse, este último valor es superior al del ahorro del tiempo. Desde este punto de vista no se justifica la implantación del Sistema Metro.

6.5 Caso No. 5

Una ruta de autobuses une una zona periférica con el centro de una ciudad. Cuenta con siete paradas, incluídos los terminales de ruta, según el esquema siguiente:

Esta ruta es atendida con un determinado número de autobuses, que cuentan con dos conductores cada uno. La capacidad de los autobuses es de 60 pasajeros por hora. La velocidad commercial, en la hora punta, es de 16 kms./hora.

La matriz de orígenes y destinos en la hora pico es la siguiente:

O/D	1	2	3	4	5	6	7
1	--	--	--	--	--	--	110
2	10	--	--	--	--	--	60
3	10	--	--	--	--	--	60
4	20	--	--	--	--	--	60
5	10	--	--	--	--	--	100
6	20	--	--	--	--	--	100
7	80	--	--	--	--	--	490

Con base en los anteriores datos, se pide:

1. Calcular el número de autobuses en ruta necesarios en la hora punta, sabiendo que el grado de ocupación no supera el 80%.
2. Estudiar si resulta rentable para la empresa prestataria del servicio suprimir un conductor por autobús, teniendo en cuenta que con ello se reduce el costo del vehículo-kilómetro ofrecido, de 15 a 10 U.M., pero la velocidad commercial disminuye a 13 kms./hora.

Se supone que la empresa dispone de autobuses suficientes y en la actualidad no necesita adquirir nuevos, y que el grado de ocupación se mantiene inferior al 80%.

3. De qué manera se afecta la decisión anterior, si se tiene en cuenta el valor del tiempo de los pasajeros? Supóngase para ellos un valor del tiempo de 30 U.M./hora.

SOLUCION

6.5.1   Se calcula la mayor intensidad en un tramao y sentido, asignando a la ruta la table O-D correspondiente a la hora punta:

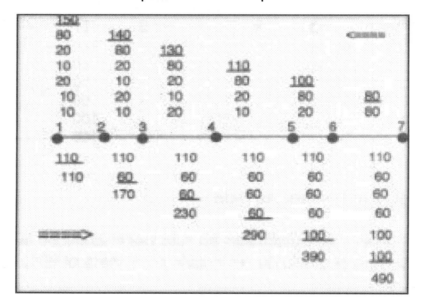

El tramo más cargado es 6 → 7 , con una intensidad de 490 pasajeros/hora.

Dado que se ha de prestar servicio con un grado de ocupación no superior a 0.80, la capacidad de la ruta será, como mínimo:

C $_{mínimo}$ = 490 /0.80 = 612 pasajeros/ hora

El número de autobuses necesarios para n = 1, c = 60 pasajeros, v = 16 kms/hora y L = 5 kms., será:

N = $C_{R\,mín}$ * 2L / n*c* v = 612 * 10 / 1* 60* 16 = 6.37 = 7 autobuses. (Ver nota en Caso 6.1 "Dilema del Planificador".

Al tener que prestar servicio un número entero de autobuses, la capacidad ofrecida será superior a los 612 pasajeros/hora y el grado de ocupación será inferior a 0.8, en el tramo más cargado.

6.5.2 Los costos de explotación para la empresa serán el resultado de multiplicar el número de vehículos-kilómetro por su costo.

a. Situación Actual

Vehículos- kilómetro ofrecidos: VKO = 120 *n * L / I = 120 * L / v* N = 120 * 5 / 16 * 7 = 5,357 minutos

VKO = 120 * 1 * 5 / 5,357 = 112 vehículos- kilómetro

Costos = 112 veh-km. * 15 U.M. / veh-km = 1,680 U.M.

b. Situación en estudio

Al suprimir un trabajador en cada autobús disminuyen los costos de explotación pero también disminuye la velocidad comercial, siendo necesario un mayor número de unidades en la ruta para ofrecer la misma capacidad.

Nueva velocidad comercial : v'' = 13 kms/hora.
Número de autobuses necesarios:
N'' = CR * 2L / n*c*v'
N'' = 612 * 10 / 1* 60* 13 = 8 autobuses.

El mismo resultado se obtiene mediante:
N'' = N * (v/v') = 6.37 * (16/13) = 7.84 buses

El nuevo intervalo:
I' = 120 * L / v'* N ;   I' = 120* 5/ 13* 8 ;   I' = 5,760 minutos

Los vehículos – kilómetro ofrecidos:
VKO' = 120* n* L / I'' = 120*1*5 / 5,769 = 104 veh-km.

Costos = 104 * 10 = 1,040 U.M.
En consecuencia, a la empresa le resulta rentable esta solución.

OBSERVACIONES:

Al margen del enunciado y ante un caso real conviene tener en cuenta lo siguiente:

    a.   El estudio se ha hecho solo para la hora pico. En un caso real tendría que ampliarse para todo el día, antes de tomar decisiones.

    b.   El pasar de 7 a 8 autobuses exigiría, en cualquier caso, algún tipo de estudio sobre la amortización del nuevo autobús, si no se incluyó el mismo en los costos de explotación.

6.5.3   Quien saldría perjudicado por una decisión como la analizada en el apartado anterior sería el pasajero, cuyo tiempo de espera en la parada y el tiempo de viaje aumentaría. Para medir este impacto es necesario calcular el valor de estos tiempos.

    a.   <u>Aumento del tiempo de espera</u>.

Para cada pasajero el tiempo de espera pasa de ser $I/2$ a $I'/2$. $I/2 - I'/2 = 5,769/2 - 5,357/2 = 0,206$ minutos de aumento. Podría ser motivo de discusión si los pasajeros son capaces de valorar este insignificante aumento.

En cualquier caso, su costo total (para 640 pasajeros a 30 U.M. la hora de viaje) sería: $0.206 * 1/(60) * 640 * 30 = 6.60$ U.M.

    b.   Aumento del tiempo de viaje.

El número de pasajeros-kilómetro se puede calcular multiplicando cada element de la matriz O-D por su recorrido, ó bién, multiplicando la suma de intensidades de cada tramo por la lonfitud correspondiente.

Por el primer procedimiento:

Σ Vij * dij = 110 * 5 + 10 * 0.7 + 60 * 4.3 + 10* 1.4 + 60 * 3 + 20 *2.1 + 60 *2.9 + 10 * 2.8 + 100 *2.2 + 20 *3.8 + 100 * 1.2 + 80 * 5 = 2,105 pasajeros-kilómetro .

En la situación actual, a 16 kms/hora, el tiempo de viaje será (para el total de pasajeros): 2,105 pasajeros-kilómetro/ 16 ks./hora = 131.56 horas.

Aumento del tiempo total: 161.92 − 131.56 = 30.36 horas
Ahorro en costos de explotación: 1680 -1040 = 640 U.M.

Costo del tiempo perdido: 30*36* 30 = 910.80 U.M.

Este valor, independientemente de que se le sume o no el valor del aumento del tiempo de espera, es superior al ahorro de los costos de explotación (910.80 U.M. > 640 U.M.), lo que haría anular la decisión del apartado anterior, al introducir estos costos sociales.

6.6   CASO No. 6

Una ruta de autobuses comunica, mediante cuatro paradas, cietros barrios periféricos conel centro de una ciudad, según el esquema siguiente:

| 1 | 2 | 3 | 4 | 5 |

·_____·_____·_____·_ _ _ _ _ _ _ _·

| 3 km | 3 km | 2 km | 4 km |

En la tabla siguiente se dan los orígenes y destinos de la hora punta, esperándose que se mantengan constantes en un futuro cercano.

O/ D	1	2	3	4
1	--	50	100	50
2	80	--	--	--
3	100	--	--	--
4	200	--	--	--

Un nuevo núcleo de población solicita prolongar el servicio hasta la parada 5. Al efecto, se decide utilizar los mismos autobuses que prestan servicio en la ruta, con capacidades de 60 pasajeros y velocidad comercial de 24 kph., de tal forma que desde el Terminal 1 se vayan alternando autobuses con destino a la parada 4 (buses A) con buses con destino a la parada 5 (buses B).

SE PIDE:

1. Determinar la relación que debe existir entre el número de autobuses A y el de autobuses B, para que no se presente problema de acoplamiento de intervalos entre ellos, en la parada 4.
2. Establecer el número de autobuses A y B necesarios para satisfacer la demanda actual, cumpléndose la relación anterior.

3. Dibujar un esquema de la ruta que represente la situación de todos los autobuses en el momento en que sale un autobus B de la parada 1. Diferenciar los autobuses A de los B.
4. Calcular la máxima generación de pasajeros en la nueva parada (Parada 5) que se puede admitir en este servicio, suponiendo que todos estos pasajeros tengan como destino la parada 1.
5. Para el caso anterior, establecer los grados de ocupación en los tramos 2→1 y 5→4

SOLUCION

1. Conviene considerar esta ruta como integrada por dos líneas (A y B), con un tramo común de recorrido.
   Evidentemente no habrá conflicto en el tramo 1→ 4 si se da la salida alternada a los autobuses desde la parada 1, pero puede pensarse que exista en el sentido contrario de 4→1, si llega a coincidir un autobus A con uno B que regrese de la parada 5.
2. Para evitar que lo anterior ocurra deberá cumplirse que $I_A = I_B$, es decir, que el intervalo entre los autobuses A sea el mismo que entre los autobuses B. De esta forma, en el tramo de recorrido común circularán alternados.
   Como $I_A = 120 * L_A / V_A * N_A$ e $I_B = 120 * L_B / V_B * N_B$
   $I_A = I_B$ → $L_A / N_A = L_B / N_B$ → $N_A / N_B = L_B / L_B$
   $L_A = 3 + 3 + 2 = 8$ kms. ; $L_B = 3 + 3 + 2 + 4 = 12$ kms.
   $N_A / N_B = 8/12 = 2/3$
   Para que este valor satisfaga la pregunta 1 es necesario que la relación entre el número de autobuses de cada línea sea igual a la relación de sus recorridos.

   OBSERVACION:
   El hecho de que se den las salidas de la parada 1 en forma alternada, no permite inferir que se mantengan las distancias en el regreso. Esto solo puede cumplirse si la relación entre N_A y N_B es la calculada. El lector puede discutir la solución partiendo de la relación $I_A = n * I_B$ ó $I_A = I_B/n$, siendo "n" un número entero.

6.6.2   Se asigna la tabla O – D a la ruta:

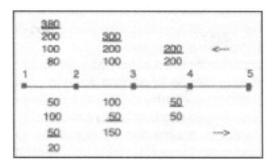

La máxima intensidad se produce en el tramo 2 → con 380 pasajeros/ hora. Mediante aproximaciones sucesivas se tantea una primera posibilidad: N_A = 2 autobuses, N_B = 3 autobuses.

I_A = 120 * L_A /V_A * N_A = 120 * 8 / 24 * 2 = 20 minutos

Este mismo intervalo se da entre los autobuses B, de forma tal que por cualquier punto del recorrido 1 → 4, al ir alternando los autobuses A y B, pasará uno cada 10 minutos.

Esto puede expresarse así:

I_B = 120 * L_B / v* N_A = 120 * 12 / 24 * 3 = 20 minutos

(60 min/ hora) / (10 min/ bus) = 6 buses / hora

UT = U_A + U_B = 6 autobuses / hora

Siendo: UT = Número de unidades / hora totales; U_A= Número de unidades A / hora; U_B = Número de unidades B/ hora

En consecuencia, CT = C_A + C_B = C * UT = 60 * 6 = 360 pasajeros/hora

Siendo CT = capacidad total de la ruta; CA y CB la capacidad de la línea A y B, respectivamente; C= capacidad de cada autobus.

Se observa que con N_A = 2 y N = 3, la capacidad total de las dos líneas es inferior a la demanda.

Con la combinación siguiente se prueba que cumple la relación del apartado 6.6.1:

NA = 4 ; NB = 6

IA = IB = 120 * 8 / 24* 4 = 10 minutos.

UT = 12 buses/ hora; CT = 12 * 60 = 720 pasajeros/ hora .

Esta capacidad satisfice la demanda

6.6.3   En la figura siguiente se observa la equidistancia entre autobuses A, entre autobuses B y entre todos ellos enel tramo de recorrido común. Esas equidistancias son, respectivamente, de 4, 4 y 2 kms., correspondientes a los intervalos calculados de 10, 10 y 5 minutos.

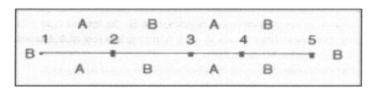

6.6.4   La capacidad de la línea B es C_B = CT/2, es decir, 720 / 2 = 360 pasajeros/hora.

Esto puede calcularse también de la siguiente forma:

C_B = N_B * n * c *v / $2L_B$ = 6 * 1* 60 * 24 / 24 = 360 pasajeros/hora

Si la parada 5 generara los 360 pasajeros, la ruta quedaría saturada en el tramo 2→1, ya que en ese tramo la intensidad sería de 380 + 360 = 740 pasajeros/hora, superior a la capacidad de las dos líneas.

Por lo anterior, la generación máxima en la parada 5 será: G_{max} = 720 − 380 = 340 pasajeros.

6.6.5   En el tramo 2 → 1 el grado de ocupación (G.O.) será 1.0, pues se ocuparán todos los puestos ofrecidos.

En el tramo 5 → 4:   Demanda = $G_{max\ 5}$ = 340 pasajeros/hora

Oferta   = C_B = 360 pasajeros/hora

G.O.   = 340 / 360 = 0.944

6.7 Caso 7.

Una línea de autobuses tiene un itinerario con dos tramos diferenciados, denominados I y II en el esquema siguiente. En el tramo II va a implantarse un carril exclusive para buses en los dos sentidos de circulación.

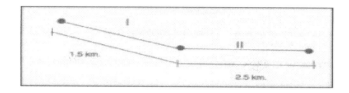

En la actualidad se presta servicio en la hora punta de la ruta con 6 autobuses de 80 puestos de capacidad cada uno, que desarrollan una velocidad commercial de 18 kph. Se estima que estos autobuses aumentarán su velocidad commercial hasta 25 kph. En el tramo del canal exclusive (ambos sentidos), manteniendo la anterior velocidad en el resto del itinerario.

Con base en los datos anteriores, se pide:

1. Determinar la capacidad actual de la ruta en la hora pico.
2. Establecer la capacidad de la ruta en la hora punta, al implantarse el carril exclusive para buses en el tramo II, si se mantienen los 6 autobuses. Podrá hablarse de dos capacidades distintas, una en cada tramo, dada la diferencia de velocidades en los mismos?
3. Si se mantienen los 6 autobuses, Cómo se verá afectado el tiempo medio de espera de los pasajeros en las paradas, en cada tramo?
4. Cuántos autobuses podrán retirarse de la línea de forma que la oferta de transporte no disminuya respecto a la anterior situación?

SOLUCION

6.7.1   Capacidad actual: N = 6 autobuses; n= 1; c = 80 pasajeros; v = 18 kph.; L = 4 kms.

   C = N * n * c * v / 2L = 6 * 1* 80 * 18 / 2* 4 ; C = 1080 pasajeros/ hora

6.7.2   La diferencia de velocidad comercial entre dos tramos de una ruta no afecta el intervalo entre autobuses, el cual se mantiene constant en todos los puntos de la misma. Esto es independiente de la distancia entre ellos, que será mayor enel tramo más rápido. Por este motivo, las unidades ofertadas por hora: U , serán las mismas en cualquier punto de la ruta y lo mismo ocurrirá con la capacidad. Sinembargo, y a pesar de mantener el mismo número de autobuses, la capacidad de laruta en la nueva situación, aún siendo única, es superior a la de la situación original.

Para el cálculo, se inicia separando el tiempo de viaje Redondo en dos sumandos, correspondientes al recorrido de los dos tramos que tienen diferente velocidad: $T' = T_1 + T_2 = 120 * L_1 / v_1 + 120 * L_2 / v_2$

donde V_1 será la antigua velocidad y V_2 la nueva, correspondiente al tramo del carril exclusivo para buses.

$$T' = (120 * 1.5 / 18) + (120 * 2.5 / 25) = 10 + 12 = 22 \text{ minutos.}$$

Como $I_1 = I_2$, se denominará I'' al intervalo en esta nueva situación.

$$I'' = T'/N = 22 / 6 = 3.66 \text{ minutos} = 3 \text{ minutos } 40 \text{ segundos}$$

La nueva capacidad será:

$$C' = 60 * n * c / I' = 1{,}309 \text{ pasajeros / hora}$$

6.7.3   Como se sabe, el tiempo medio de espera en las paradas coincide con la mitad del intervalo entre autobuses.

El intervalo en la situación de partida era:

$$I = 120 * L / v * N = 120 * 4 / 18 * 6 = 4.4. \text{ minutos.}$$

En la nueva situación (I') es de 3.66 minutos, luego la espera media disminuye de 2.2 minutos a 1.83 minutos.

6.7.4   Del apartado 6.7.2 se deduce la siguiente ecuación de capacidad para esta ruta:

$$C' = 60 * N * n * c / T \rightarrow \qquad N = C' * T' / 60 * n * c$$

Si la capacidad de la ruta ha de ser como mínimo 1,080 pasajeros/hora, entonces:

$$N = 1{,}080 * 22 / 60 * 80 = 4.95 \rightarrow 5 \text{ autobuses.}$$

Con base en el resultado anterior, es posible retirar un autobus de los 6 existentes en el servicio original y la capacidad de la ruta se mantendrá por encima de la demanda (1080 pasajeros/hora).

OBSERVACION: En vasos como este, en el cual existen distintas velocidades en tramos de la ruta, no son aplicables todas las ecuaciones de capacidad que se mencionaron en el capítulo IV. Así, por ejemplo, no puede utilizarse $C = n * N * cv * v / 2L$ (ec. 4.5) , pero si la siguiente $C = n * Cv * U$ (Ec. 4.4) ó la obtenida de sustituir Ec. 4.2 en Ec. 4.4 : $C = n* c * (60 * N) / T$, siempre que la T se calcule como suma de los diferentes tramos de la ruta.

6.8   Caso No. 8

Una ruta de autobuses dispone de cuatro paradas, según se indica enel esquema siguiente, y presta servicio con autobuses de 80 puestos que alcanzan una velocidad comercial de 20 kph. Enlaza en las paradas 3 y 4 con una línea delMetro cuya velocidad comercial es de 30 kph. Esta línea del Metro va a ser prolongada hasta la Parada 2.

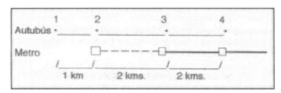

La matriz de Origen y Destino de la ruta de autobuses en la hora pico y en el sentido de mayor carga, que es la que condiciona el servicio, es conocida:

O/D	1	2	3	4
1	-	150	250	250
2		-	400	550
3				600
4				

El número de pasajeros del Metro, con origen en la estación 3 y destino a la estación 4 es de 900 en la hora punta.

Con los datos anteriores y suponiendo una distribución entre modos de transporte según la gráfica correspondiente, que aparece incluída en este libro, se pide:

1. Establecer el valor que atribuyen a su tiempo de viaje los pasajeros de la zona cercana a la ruta, si las tarifas actuales son : Autobús : 1.5 U.M./ km. y Metro: 2 U.M./km.

2. Calcular el número de autobuses, actualmente necesarios en la hora punta, para dar servicio a la ruta con un grado de ocupación inferior a 0.80

3. Determinar el número de autobuses que podrán retirarse de la ruta cuando el Metro se prolongue hasta la estación 2 manteniéndose el grado de ocupación inferior a 0.80

4. Qué número de autobuses podrá retirarse del servicio, si éstos implantan tarifa única de 5 U.M., cuando se inaugure la prolongación del Metro?

SOLUCION

6.8.1 Para estudiar la distribución de los viajes en los dos medios de transporte se parte del volumen de viajes en Metro que se originarían en la parada 3 y que tienen como destino la parada 4 : 900 pasajeros/ hora.

En autobús, el número de viajes con el mismo trayecto es de 600 pasajeros/ hora, obtenido del elemento correspondiente de la matriz O-D dada para el autobus.

Al tomar el Metro como nuevo sistema de transporte, se entra en la curva de distribución entre modos (Figura 6.2.1): P = 900 / (900 +600) = 0.60. Es decir, en el único trayecto común, el 60% de los pasajeros utilizarán el Metro.

El costo de ambos sistemas será:

- Costo en autobus = $1.5 * l + (z/20) l$
- Costo en Metro   = $2   * l + (z/30) l$

Siendo l = recorrido del viaje en kms.; z = valor del tiempo de viaje para los usuarios.

De la curva citada (Fig. 6.2.1), P = 0.6 → x = 0.95

Costo Metro / Costo autobús = (2 + z/30) / (1.5 + z/20) → 40.6 U.M./hora.

6.8.2 La máxima intensidad de viajes en la ruta, se calcula en primer lugar, asignando la Tabla O-D a la misma:

La máxima intensidad se produce en el tramo 2→3 con 1,450 viajes personales/hora.

Para que el grado de ocupación no supere el 0.80 se requiere: C = 1,450 /0.80 = 1,812 pasajeros/ hora

El número de autobuses necesarios será: N = C *2L/ n*c*v = 1812*10 / 1*80*20 = 11.3; N = 12 autobuses.

Siendo: C = 1,812 pasajeros/hora, L = 5 kms., n = 1, c = 80 pasajeros/ bus, v = 20kph.

6.9 CASO No. 9

Ejercicio numérico de planificación de una ruta de transporte público urbano.

El procedimiento a seguir es la planificación de una ruta de transporte (en el cual se utilizarán datos hipotéticos con el solo objetivo de observar los cálculos que se suelen emplear), incluye los siguientes pasos:

Paso No. 1   Recolección de datos requeridos.

Longitud de la ruta, en una dirección:	L = 10 kilómetros
Tiempo de operación	To = 45 minutos en hora pico
	To = 40 minutos en hora no pico
Volumen hoario de diseño (Máx carga)	P = 375 personas/ hora pico
Capacidad vehicular	Cv = 45 asientos + 25 de pie = 70

Paso No. 2   Determinación de factores operacionales

Con base en las definiciones y en la descripción de los términos expuestos en el capítulo de aspectos conceptules, se calcula:

Velocidad de operación Vo = 60 * L / To = 13.3 kph. en el período pico
                                    = 15.0 kph. en el peródo no pico
Intervalo politico   I = 15 minutos
Factor de carga   α = 0.7   (asumido inicialmente) (*)
Mínimo tiempo en Terminal   Tt = 6 minutos (asumido inicialmente) (*)
(*) Se ajustan durante el procedimiento de cálculo

Paso No. 3   Determinación del Intervalo
Primero, se calcula mediante la ecuación I = 60 * α * Cv / P = 60 * 0.7 * 70 / 375 = 7.84 minutos
El valor del intervalo I calculado de la forma anterior requiere, generalmente, ser redondeado a un valor práctico, múltiplo de 60 minutos.   Si se obtiene un valor mayor de 6 minutos, solamente los siguientes números pueden utilizarse: 7.5, 10, 12, 15, 20, 30, 40, 45 y 60. De esta forma los tiempos de salida se repetirán cada hora excepto para los intervalos de 40 y 45 minutos. Segundo, el intervalo calculado anteriormente se compara conel intervalo politico, en el período específico del día que se esté analizando. Deberá seleccionarse elmáas pequeño de los dos. En este caso se escoge I = 7.84 < 15 y se toma el valor redondeado de 7.5 minutos para ser utilizado durante el período pico y 15 minutos durante el no pico.

Paso No. 4   Cálculo del tiempo del ciclo.
Se determina a través de la ecuación :
$$T = 2 (To+ Tt)$$
$$T = 2 (46 + 6) = 102 \text{ minutos por período pico}$$
$$T = 2 (40 + 6) = 92 \text{ minutos por período no pico.}$$

Paso No. 5   Determinación del tamaño de la flota y ajuste de los factores previamente establecidos.

El tamaño requerido de la flota (N) se obtiene dela ecuación : N = T/I
Puesto que N debe ser un número entero, el valor obtenido se redondea, por encima, hasta el próximo entero.
En el caso que se está analizando:
N = 102 / 7.5 = 13.6 => 14 vehículos, en período pico.
N = 82 / 15   =   6.3 => 7 vehículos, en período no pico.

Con base en los anteriores valores y haciendo uso de la ecuación siguiente, se calcula un nuevo "Tiempo de ciclo", para cada período.

T' = N * I

T' = 14 * 7.5 = 105 minutos, para el período pico.

T' = 7 * 15 = 105 minutos, para el period no pico.

El tiempo del ciclo para lo dos casos, no siempre es igual. Este caso puede considerarse una excepción.

Utilizando la ecuación: Tt' = (T' − 2 To) / 2 se establece un nuevo "tiempo en terminal" Tt:

Tt' = (105 − 2 (45))/2 = 7.5 minutos, en el período pico

Tt' = (105 − 2 (40))/2 = 12.5 minutos, en período no pico.

Si la diferencia entre los dos perídos pico y no pico es pequeña, resulta conveniente utilizar los valores calculados de tamaño de flota N, de tiempo de ciclo T' y de tiempo enterminal Tt'.

Finalmente se establece la velocidad comercial V aplicando la ecuación:

V= 120 * L / T

V = 120 * (10) / 105 = 11.4 kph. , en el período pico

V = 120 * (10) / 105 = 11.4 kph., en el período no pico

Resumen de los resultados del estudio de esta ruta hipotética:

Item	Período Pico	Período no pico
Intervalo (I)	7.5 minutos	15 minutos
Tiempo de ciclo (T)	105 minutos	105 minutos
Tiempo en terminal (Tt)	7.5 minutos	12.5 minutos
Tamaño de la flota (N)	14 vehículos	7 vehículos
Velocidad comercial (v)	11.2 kph.	11.2 kph.

Referencias bibliográficas

1. Baerwald, J.E. (ITE), Transportation and Traffic Engineering Handbook, (Fourth Edition), Prentice-Hall, Inc. Englewood Cliffs, N.J., 1976

2. ITE, Manual of Traffic Engineering Studies (6th Edition), Washington, 2008

3. Vuchic, VR., et al., Transit Operating Manual, University of Pensylvnia, Harrisburg,Pen., 1978 (mimeografiado).

4. Zubieta,J.L.,Ejercicios   de   transporte   urbano,E.T.S.I.C.C.P.,Madrid,1978 (mimeografiado).

Made in the USA
San Bernardino, CA
30 March 2017